Topos plus **Taschenbücher**
Band 355

W0087409

Wolfgang Beinert

Tod und jenseits des Todes

Topos plus Taschenbücher

Topos plus Verlagsgemeinschaft

Butzon & Bercker, Kevelaer | Don Bosco, München | Echter, Würzburg
Lahn-Verlag, Limburg Kevelaer | Matthias-Grünewald-Verlag, Mainz
Paulusverlag, Freiburg Schweiz | Friedrich Pustet, Regensburg
Styria, Graz Wien Köln | Tyrolia, Innsbruck Wien

Die Deutsche Bibliothek – CIP-Einheitsaufnahme
Ein Titeldatensatz für diese Publikation
ist bei Der Deutschen Bibliothek erhältlich

Einband- und Reihengestaltun
home.made designarbeit, Esse
Herstellung: Pustet, Regensbur
Printed in Germar

Topos plus - Bestellnummer: 3-7867-8355-1

Inhalt

Vorwort

Schon sehr früh in seinem Leben weiß der Mensch: Ich muss sterben; mein Ende ist der Tod. Dieses kleine Buch bietet eine Einführung in die Grundfragen an, die sich für jeden von uns aus dieser erschütternden, doch unerschütterlichen Tatsache ergeben. Es legt die Fakten nach dem heutigen Forschungsstand dar und versucht ihre humane Bewältigung auf der Basis der christlichen, näherhin der römisch-katholischen Lehre von der Vollendung oder Eschatologie, wiederum im Horizont der gegenwärtigen Erkenntnisse.

Es kann nicht ausbleiben, dass mehr als in anderen Wissensgebieten gerade im Problemkreis von Sterben, Tod und Jenseits auf allen Ebenen von den Naturwissenschaften bis zur Theologie beträchtliche Differenzen in den Auffassungen und Deutungen und dementsprechend auch teilweise erbitterte Kontroversen an der Tagesordnung sind. Zum einen geht es hier um Themen, die keiner bloß distanziert von außen her betrachten und diskutieren kann – der Tod geht eben alle und er geht alle immer an. Zum anderen berühren sie Dimensionen, die sich der menschlichen Direkt-Erfahrung vollkommen entziehen – kein Mensch vermag den Tod je zu erleben. Will man nicht auf vage und beweislose Visionen zurückgreifen, bleibt nur spekulative Erschließung, pfadfinderische Wanderung von bekanntem Ausgangspunkt in nebelverhangener Landschaft. So sind von der Natur der Sache her mehrere Möglichkeiten denkbar; der eschatologische Streit ist also einprogrammiert in jede eschatologische Rede. Die folgenden Seiten werden sich, soweit das geht, aus ihm heraushalten.

In diesem Werk kommt es lediglich darauf an, schlicht und einfach das Thema vorzulegen, wie es der breite Strom der christlichen Überzeugung in der katholischen Ausprägung trägt. Entscheidend bleibt immer und allemal, das eigene Leben als Weg zum Tod und deswegen den Tod als Einübung ins Leben zu erkennen.

> „Wer Lebendiges will verstehn,
> muß ins Land des Todes gehn."

Eine Verstehenshilfe im Sinn des „Spruchs" von Christian Morgenstern (Gesammelte Werke, Wiesbaden 1996, 524) möchten die folgenden Seiten sein.

Regensburg, 31. Juli 2000   Wolfgang Beinert

1. Das Problem

Die Identität von Leben und Sterben

Der Tod ist das unumkehrbare Erlöschen der Gesamtheit aller Lebensäußerungen eines Organismus. Der Vorgang, der dazu führt, heißt Sterben.

Die Lebensäußerungen eines Organismus wie der des Menschen beginnen grundsätzlich in dem Augenblick, da sich die Samenzelle des Vaters mit der Eizelle der Mutter vereinigt und der Vorgang der Zellteilung einsetzt. Aus biologischen Ursachen, die wir noch näher kennenlernen werden, tritt, so der Stand des heutigen Wissens, der Tod spätestens und unaufhaltsam dann ein, wenn die Kraft der Zellen erlischt, sich weiterhin zu teilen. Das ist zwischen 115 und 130 Jahre nach der Zeugung spätestens und unaufhaltsam der Fall. Die allermeisten Menschen sterben derzeit wesentlich früher.

In dem gleichen Moment also, in dem unser Leben anfängt, hebt auch unser Sterben an. Jeder Lebensvorgang führt dem Ende näher: Jeder Herzschlag, jeder Atemzug, jeder Stoffwechselvorgang, jeder Schritt, jeder Denkakt. Indem wir das Leben vollziehen, vollziehen wir auch den Vorgang, der im Tode endet. Leben und Sterben sind, so gesehen, ein und dasselbe; mit den Worten wechselt man lediglich den Betrachterstandpunkt. Einmal stehen wir am Anfang, dann am Ende des gleichen Vorgangs. Man könnte auf der Rückseite des Formulars der Geburtsurkunde auch gleich den Vordruck für die Sterbeurkunde anbringen. Die Daten lassen sich erst später eintragen – dass dies einmal zu tun sein wird, ist sicher, wann, bleibt vorerst offen: Es kann freilich jederzeit so weit sein, schlimmstenfalls bereits Minuten nach der Geburt.

Jenni Puomila (14 Jahre): Auch ich bin sterblich. Ausstellung im Pro-
vinzial-Museum, Schloß Turku/Finnland.

Die Einsicht in diese ehernen Notwendigkeiten ließ die mittelalterlichen Mönche den Satz prägen: „Media in vita in morte sumus – Mitten in dem Leben sind wir vom Tod umfangen." In einer Zeit, da ein Zisterzienser durchschnittlich nur 23 Jahre alt wurde, also nicht einmal ein Drittel heutiger Lebenserwartung eines Mannes besaß, in einer Zeit zudem, die erfüllt war von Kriegen, Pest und Hungersnöten, in der man gegenüber Krankheiten hilflos war, die heute in der Routine der Hausarztpraxis geheilt werden können, bezog sich diese Erkenntnis gewiss zuerst auf die Unvorhersehbarkeit des individuellen Todes. Jederzeit konnte das letzte Stündlein schlagen. Nur jeder zweite Säugling überlebte das erste Lebensstadium. Das ist, Gott sei Dank, jetzt anders, doch im Prinzip hat sich hinsichtlich der Lebensgefährlichkeit wenig geändert. Zwar ist die statistische Todesstunde weit hinaus gerückt und Tausende von Forschern setzen alles daran, die Lebensspanne weiter zu verlängern, aber gleichzeitig haben die Gefahren des modernen Verkehrs und der gleichbleibend allgegenwärtigen Immunschwächekrankheit AIDS die Stelle der Kriegs- und Krankheitsängste des Mittelalters wacker übernommen.

Inzwischen wissen wir längst, dass jene Erkenntnis der frommen Väter buchstäblich für unseren eigenen Organismus zutrifft. Jeden Tag werden in ihm tausend Tode gestorben. Wir können nur existieren, weil und wenn in unserem Leib Millionen von Mikrolebewesen – beispielsweise die Darmflora – wesen, sich fortpflanzen – und sterben. Jeder von uns ist die Bühne des Lebens- und Todesdramas jeden Tag.

Dass wir inmitten des Lebens vom Tod umschlossen sind, hat aber eine noch weit umfassendere Bedeutung. Sie rührt aus der schon angedeuteten Gleichsinnigkeit der Worte Leben und Tod. Man kann einmal folgendes Gedankenexperiment machen: Stellen wir uns ein paar Minuten lang vor, aus allen Wörterbüchern würde der Begriff „Tod" und seine Entsprechungen in anderen Sprachen getilgt und mit dem Streichen des Begriffes würde uns unmöglich gemacht, das weiter wahrzunehmen, was mit der davon gemeinten Wirklichkeit in irgendeiner Weise zusammenhängt. Es gäbe für uns keine Angst mehr, keinen Schmerz, keine Krankheit, keine Friedhöfe, kein Vermissen der Verstorbenen, keinen Abschied, keine fallenden Blätter, keinen Sonnenuntergang, keine Erwartung, keine Vorfreude, keine Nahrungsaufnahme, keine Jugend, keine Lebenschancen – kurzum: kein Leben mehr, und zwar nicht nur in seinen dunklen, sondern auch in seinen lichten Seiten nicht. Leicht würde sich herausstellen: Solch ein Mensch, der Tod in allen seinen Beziehungen nicht mehr erfassen könnte, erfaßte gar nichts mehr. Seine Sinne und sein Denken wären leer. Wo man den Tod verbannt, ist Leben sofort unmöglich geworden. Ohne ihn läßt sich Leben nicht begreifen. Der mönchische Satz kann umgekehrt werden: Mitten im Tod sind wir umfangen von dem Leben.

Todesverdrängung

Es gehört zu den Merkwürdigkeiten unserer Gattung, dass wir alles tun, um die beiden Pole undeutlich zu machen, zwischen denen wir existieren. Die Menschen haben, wenn auch mit unterschiedlichen Schwerpunkten in den unterschiedlichen Epochen ihrer Geschichte, viel Schweiß und Scharfsinn aufgewendet, um zu verdrängen, was mit Anfang und Ende des Lebens zusammenhängt. Früher galt dies vornehmlich von der Sexualität, die mit dem Anfang zu tun hat, derzeit eher vom Tod als Lebensausgang. Hierzulande führt das inzwischen dazu, dass man nach Möglichkeit nicht nur die Sterbenden in Krankenhäuser und Hospize abschiebt, sondern darüber hinaus auch die Toten aus dem eigenen Lebenskreis ausbürgert. Uralte Riten und Gebräuche, die sich um sie gebildet hatten, wesentliche Teile der überkommenen Bestattungs- und Grabkultur gehen verloren. In einer vom Institut für Demoskopie in Allensbach im Jahr 1998 erhobenen Umfrage trat zutage, dass immer weniger Leute bereit sind, an einer Totenfeier teilzunehmen. Dafür lassen immer mehr sich anonym bestatten: In Chemnitz sind es 80, in Erfurt 50, in Hamburg 30 Prozent (FAZ vom 21. 11. 1998, S. 10). Dahinter steht, wie die Experten vermuten, nicht bloß der Verlust religiöser Bindungen im weitesten Sinne, sondern ebenso eine (sicher damit zusammenhängende) Individualisierung des Lebensendes. Man will nicht mehr den einst als einzig würdig angesehenen „öffentlichen" Tod im Kreis der Angehörigen und Freunde mitsamt der bekannten, jederzeit zugänglichen Grabesstätte, sondern seine eigene, „originelle" Verendensform. Eine blühende Industrie bemüht sich, alle denkbaren Wünsche in dieser Hinsicht zu erfüllen. Man kann sich plastinieren, mazerieren, einfrieren, in den Weltraum schießen oder auch nur die eigene Asche ins Meer ausstreuen lassen. Einfach begraben lassen muss sich keiner mehr.

An dieser Stelle soll dieses Faktum nicht ausführlich hinterfragt werden. Ganz lassen sich aber die Bedenklichkeiten nicht unterdrücken. Die Völkerkundler klassifizieren Kultur und damit Menschwerdung und Menschlichkeit des Menschen unter anderem nach dem Auftreten von Bestattung der Hingeschiedenen. Aus dem *Vor*menschen wird in dem Moment ein *Mensch*, wo er seinesgleichen nicht mehr gleicherweise „entsorgt" wie die Kadaver eines Tieres. Das ereignete sich für uns feststellbar erstmals vor über 70 000 Jahren in der Altsteinzeit. Erleben wir in unseren Tagen einen kulturellen Rückschritt mit dem Verfall der Bestattungsriten?

Wie dem auch sei: Es stellt sich ebenso heraus, dass die Verdrängung des Todes so wenig gelingt wie seinerzeit die Tabuisierung des Geschlechtlichen. Das Ergebnis ist stets das gleiche: Wer verdrängt, ist verklemmt – und da Sex wie

Tod ohne einander nicht denkbar sind, bleibt die Verklemmung per Saldo auch die gleiche. Irgendwann muss die eine sich lösen wie die andere, soll Leben irgendwie gelingen. Besteht da Hoffnung im Blick auf die junge Generation? Eine von EMNID für den „Spiegel" Mitte 1998 durchgeführte Befragung von 700 Jugendlichen ergab, dass 50% der Jungen und 38% der Mädchen zwischen 15 und 19 Jahren zugaben, für sie sei Sex sehr wichtig („Spiegel" Nr. 50/1998, 115). Eine Umfrage bei 2500 gleichaltrigen Jugendlichen 1996 zeigte: Gedanken über den Tod und ein mögliches Weiterleben danach machen sich „manchmal" 67,60%, „häufig" 15,85%; nur 16,54% der jungen Menschen erklärten, „nie" daran zu denken (L. Rendle – H. Straub, Umfrage bei Haupt-, Real-, Berufsschülerinnen und -schülern und Gymnasiasten zum Thema „Tod – und was dann?": Kontakt – Informationen zum Religionsunterricht im Bistum Augsburg 2/96, S. 26).

Das Ansichtigwerden des Todes

Was entdeckt man eigentlich, wenn man sich über Tod und Leben Gedanken macht? Wir stoßen sofort auf einen eigentümlichen Sachverhalt. Ohne Zweifel ist der Tod eine Wirklichkeit in Raum und Zeit. Überall, haben wir gerade gesehen, begegnet sie. Von allen anderen Wirklichkeiten unterscheidet sie sich dadurch, dass keiner sie an sich selbst erfahren kann. Man verspürt Freude oder Schmerz, Armut oder Reichtum, Einsamkeit oder Angenommensein, Wärme oder Kälte am eigenen Leib. Den *Tod* kann keiner er*leben*: *Tod* und *Leben* schließen sich aus. Der Tod ist das Ende der Existenz und damit ein Grenzwert, der auch als schon außerhalb der Existenz liegend angesehen werden kann. Wir vermögen nur unser Sein zu erleben, nicht jedoch das Nicht(-Mehr)-Sein, welches der Tod für uns bedeutet.

Die Unmöglichkeit, an sich selber als Lebender den Tod zu erfahren, beschreibt der Philosoph Epikur (341–270 v. Chr.) in seinem Brief an Menoikeus, Nr. 125:

Das schreckenerregendste aller Übel also, der Tod, hat eben deshalb nichts mit uns zu tun, weil, wenn wir da sind, der Tod nicht da ist, und wenn der Tod da ist, wir nicht da sind. Er geht also weder die Lebenden noch die Toten etwas an. Denn die einen geht er nicht an und die anderen existieren nicht mehr.

Wir haben auch keine Erfahrungswerte anderer Menschen wie in den restlichen Lebensbereichen. Auch wenn jemand nie nach Australien gelangt, so mag er sich aus Bücher, Filmen, Erzählungen ein Bild machen, das sein Manko weitgehend ausgleicht. Noch nie aber hat ein Mensch Todeserfahrungen weitergegeben.

Zwar gibt es seit alters und in vielen Kulturbereichen, auch im abendländischen Bereich, Jenseitserzählungen und Jenseitsvisionen. Zu den unvergänglichen Zeugnissen gehört für uns die „Divina Commedia" Dante Alighieris, eine grandiose Schau der drei christlichen Jenseitsbereiche von Hölle, Purgatorium und Himmel. Zwar gibt es ab und an Berichte, wonach sich Menschen an ein früheres Leben und damit auch ans Sterben wiedererinnern. Die Psychologie hat nachdrücklich gezeigt: Da dreht es sich, sofern es sich nicht um eine pure literarische Erfindung handelt, entweder um das Auftauchen vergessener Bewusstseinshalte (Kryptomnesie), um außersinnliche Wahrnehmungen oder um das Hineinleben in andere Personen (Personifizierung) – jedenfalls um Erscheinungen, die durchaus diesseitig des Todes erklärbar sind. Das gilt erst recht von den aufsehenerregenden Berichten, die erstmals der amerikanische Arzt Raymond A. Moody gesammelt hat (Leben nach dem Tod, Reinbek 1976). Patienten, welche im Sterben lagen, dann aber durch ärztliche Kunst wieder ins Leben zurückgeholt worden waren, erzählten von wunderbaren Erlebnissen und Erfahrungen im Koma, von Lichterscheinungen, Stimmen – viele Phänomene kannte man schon aus mancher alten Erzählung früherer Jenseitsberichte. Längst ist klar, dass es sich bei diesen Widerfahrnissen nicht um Todeserlebnisse handelt: Zum einen waren die Patienten eben nicht tot, sondern allenfalls in der letzten Phase des Lebens, mithin wiederum diesseits der

Schwelle; zum anderen kennen wir heute die Ursache der Erfahrungen: Im Körper bilden sich in der Situation höchster Beanspruchung des Lebens sogenannte Endorphine, chemische Verbindungen, die auch in Rauschgiften auftreten. Die bei Einnahme gewonnenen Erfahrungen ähneln denn auch in vieler Hinsicht den Sterbe-Erfahrungen.

Obschon wir also weder den eigenen Tod erfahren noch über Erfahrungswerte vom Tode anderer verfügen, mangelt uns nicht jede Todeserfahrung. Manche Menschen müssen dem Tod „ins Auge schauen" – bei einem gefährlichen Unfall, einer bedrohlichen Krankheit, bei vorübergehendem Herz-Kreislauf-Stillstand. Alle jedenfalls kommen irgendwann und irgendwie mit dem Tod anderer Menschen in Berührung. Wir sind inmitten des Lebens auch dadurch vom Tod umgeben, dass unaufhörlich Menschen um uns herum ihr Leben lassen müssen – es vergeht keine Sekunde ohne Menschensterben; manchmal endet dabei auch ein Leben, das uns vieles, das alles uns bedeutet. Es gehörte einem Menschen, der uns so verbunden war wie der Gute Kamerad des Soldatenliedes: „Als wär's ein Stück von mir." Wenn es dahingeht, geht manches von unserem Eigensten und Liebsten für immer mit. Immer stirbt dann etwas auch in uns.

Daraus rühren unser Schmerz und vor allem unsere Angst vor dem Tod. Bei Licht besehen, ist ihr Gegenstand eigentlich nicht er selbst, sondern das Sterben. Vor dem Tod kann niemand sich fürchten, weil keiner ihn kennt. Was wir aber sehr wohl kennen, ist die Not und Pein, die gewöhnlich mit dem Sterben verknüpft ist; vor allem anderen aber erahnen wir, wie schlimm es ist, und zwar immer ist, wenn Leben aufhört. Gewiss, selten genug, aber gleichwohl begegnet man Menschen, die vom Leben so befriedigt sind wie einer, der von einem guten Festmahl aufsteht. „Lebenssatt" nennt das Alte Testament eine solche Haltung. Im Allgemeinen aber verstehen wir uns als Schmausende: Jeder möchte das Leben noch genießen oder wenigstens (das kann beim Selbstmordkandidaten so sein) ein besseres als das augenblickliche leben wollen. Nicht zuletzt möchten wir den Tod dann und dort aufhalten, wo wir Menschen lieben. Schrecklich ist der Liebestod in allen seinen Formen. Diese Thematik gehört nicht von ungefähr zu den nach Rang und Zahl bedeutendsten Gegenständen vieler Künste. Sie stellt die dramatische Situation schlankweg dar und vor unsere Augen (vgl. die Abb. S. 34).

Todes-Kampf

Weil Leben und Sterben im Grund gleichsinnig sind, weil das Leben die Voraussetzung des Lebensendes ist, müssen wir unsere elementare Angst vor dem Tode genauerhin als *Lebens*angst charakterisieren. Ihre eigentliche Dramatik gewinnt sie daraus, dass sie nicht nur jeder hat, sondern dass sie bei jedem in die Katastrophe des Lebensendes mündet. Wenn also eine Form der Angst berechtigt und sinnvoll ist, so diese. Dagegen bäumen sich die Menschen auf. Sie eröffnen Kriegsschauplätze wider den Tod, wo immer sie es vermögen und auf allen Ebenen. Die wichtigste ist die der Medizin. Sie hat gerade im letzten Jahrhundert Fortschritte erzielt, die sich zu dessen Anfang keiner hätte ausmalen können. Die Zahl der Alten in Deutschland steigt und steigt (vgl. Tabelle) – und nicht nur die Rentenversicherungen geraten in Schwierigkeiten.

Die Zahl der Hundertjährigen ist dermaßen gewachsen, dass der Bundespräsident aus finanziellen Gründen davon absehen muss, jedem von ihnen, wie früher, ein Geldge-

Anteil (in %) der über 65 Jahre alten Personen in Deutschland Quelle: FAZ 11. 12. 1998, S. 16				
1871	1950	2000	2030	2040
4,6	9,7	16,1	26,7	30,6

schenk zukommen zu lassen. Einen Scheck bekommt jetzt nur noch, wer über 107 wird! Ungeachtet dessen ist die Sterblichkeitsrate derzeit noch bis auf die letzte Stelle hinterm Komma exakt so hoch wie zur Zeit des Crô-Magnon-Menschen: genau 100% beträgt sie nach wie vor; und eine Änderung steht nicht ins Haus. Der Tod ist bestenfalls aufgeschoben, nicht aufgehoben.

Der andere große Schauplatz des Todes-Kampfes ist das Streben nach einem indirekten Überdauern, wenn das direkte schon nicht geht. *„Non omnis moriar – nicht ganz werde ich vergehen"*, klingt es seit des römischen Dichters Horaz Zeiten († 8 v. Chr.). Irgend etwas wird schon bleiben, hoffen wir: Die Kinder und Kindeskinder aus dem eigenen Fleisch und Blut, das Lebenswerk, der Nachruhm, die Gruppe, der man sich zugehörig fühlt und die man wenigstens ein bisschen mitgestaltet hat. Eine solche Zuversicht ist nicht ganz unberechtigt. Von jedem Menschen gehen auf und in diese Welt und ihre Bewohner unzählbar viele Impulse aller möglichen Art aus. Jeder steht in einem biologischen, geistigen und kulturellen Geflecht, aus dem er lebt, in das hinein er wirkt und das erst dadurch in dieser Ganzheit zustande kommt und zu dem wird, was wir „die Geschichte" nennen. Doch bleibt nach meinem Tode wirklich noch etwas von *mir*, d. h. von dem einmaligen, unverwechselbaren *Ich*, das ich nicht bloß bin, sondern für andere auch sein möchte? „Das bin ich; das habe ich bewirkt!", sprechen wir nur zu gern. Aber hört das auch jemand – vielleicht ist das schon jetzt nicht so, in wenigen Jahren, in Jahrhunderten bestimmt nicht mehr. Selbst wenn jemand zu den ganz großen Figuren der Geschichte zählt, bleibt wirklich das und alles das und das Ganze dessen, was er oder sie gewollt hat? Ist sie oder er nicht ausgesetzt den Deutungen und damit auch den Verfälschungen der Nachkommen? Wer weiß noch, wer er tatsächlich war …

Tod und Transzendenz

Zu den erstaunlichsten Tatsachen in der Welt gehört der Umstand, dass alle diese Erwägungen schon unendlich oft angestellt worden sind, dass sie wieder und wieder zum gleichen Resultat geführt haben und dass nichtsdestotrotz der Gedanke in der Menschheit unausrottbar zu sein scheint: Mit dem Tod ist keineswegs alles aus und zu Ende. Die eigentümliche Verflochtenheit von Leben und Sterben, von Geburt und Tod hat zu einer kulturellen Ausprägung Anlass gegeben, die zu den bedeutungsvollsten, mächtigsten und wirkhaltigsten Lebensformen überhaupt geworden ist, die existieren: Ich meine die Religion. Das Geheimnis des Werdens eröffnete schon immer den Blick dafür, dass wir nicht nur aus uns selber sind, sondern einen über die eigenen Eltern und ihr Tun hinausreichenden Ursprung haben müssen, der jenseits der Zeugung liegt. Die Mysterien des Sterbens und des Todes weiteten unsere Augen seit je dafür, dass es ein Ziel des Seins geben müsse, das wiederum in einem Jenseits existiert, dieses Mal in dem, was auf der anderen Seite der Todesschwelle liegt. Woher wir kommen, wohin wir gehen und somit auch, was wir sind zwischen diesen Rahmenpunkten – die entscheidenden und alles andere bestimmenden Existenzfragen, mit anderen Worten, machen uns aufmerksam für das, was über unsere Welt und deren Verstehen hinaus liegt, was diese übersteigt. Übersteigen heißt lateinisch *transcendere*; daher heißt dieses Jenseits unseres Horizontes *die Transzendenz.* Die Religionen buchstabieren dieses Wort mit Gott (oder Göttern). Aus der Fraglichkeit der menschlichen Existenz erwächst die Gottesfrage.

So setzte sich schon ganz früh in der Menschheit die Überzeugung durch: Wider allen Augenschein kann mit dem Tod nicht das absolute Ende der menschlichen Existenz gekommen sein. Obschon gegenwärtig gewiss keine Hoch-Zeit des Religiösen zu vermerken ist, nimmt eigenartigerweise die Zahl der Menschen in Deutschland zu, die an ein Leben nach dem Tode glauben. Zufolge der zitierten Allensbacher Untersuchungen glaubten 1975 in Westdeutschland nur 36% daran, 40% aber nicht.

Unabhängig von der religiösen Prägung und Bindung weiß der nachdenkliche, über sich selber meditierende Mensch sehr oft, daß sein Leben eine Zielrichtung hat, die über den eigenen individuellen Tod hinausweist. Manchmal ist es nur eine vage Vermutung, weitab von einer dogmatischen Festlegung. Doch auch eine Vermutung ist schon viel dort, wo die Grenze nur einmal überschritten werden kann, wo eine Wiederkehr aus dem Jenseits dieser Markierungslinie nicht vergönnt ist. In diesem Sinne kann man das Gedicht von Günter Grass lesen.

Quelle: Günter Grass, Fundsachen für Nichtleser, © Steidl Verlag, Göttingen 1997, S. 231.

> Wegzehrung.
> Mit einem Sack Nüsse
> will ich begraben sein
> und mit neuesten Zähnen.
> Wenn es dann kracht, wo ich liege,
> kann vermutet werden:
> Er ist das,
> immer noch er.

1998 dagegen ist deren Zahl auf 26% gesunken; 50% nehmen ein Nachtod-Leben an. Die Kurve steigt kontinuierlich nach oben. Im Osten unseres Landes fiel die Zahl derer, die nicht daran festhalten, von 70 auf 60%.

Allen Religionen ist daher gemeinsam, dass sie in ihren Lehr- und Deutungssystemen höchste und weitgehende Aufmerksamkeit den Geschehnissen von Sterben und Tod widmen und Angaben vorlegen, die Aufschluss über das Jenseits machen. Man bezeichnet dieses Teilgebiet als *Eschatologie. Eschaton* heißt im Griechischen „das Letzte, das Äußerste"; Eschatologie ist dann Kunde oder Lehre vom Letzten und Äußersten der menschlichen Existenz – und wenn dieses der transzendente Gott als Ziel des Menschen ist, dann läßt sich das Wort am besten übersetzen mit „Lehre von der endgültigen Vollendung des Menschen bei Gott."

Man kann sagen, dass dieser Komplex der eigentliche und ureigene und von anderen Sektoren nicht ersetzbare Existenzraum von Religion ist. Gäbe es nicht Geburt und Tod, gäbe es auch keine Religionen – und niemand hätte sie wahrhaft und wirklich nötig. Dieser Satz kann auch rückwärts gelesen werden: Religion ist nötig, weil es Geburt und Tod gibt und weil niemand anderes befugt und befähigt ist, Aussagen zu machen, die weiter reichen als bis zum Phänomen des Sterbens. Man vermag ganz bestimmt religionslos zu leben. Selbst der Frömmste denkt nicht andauernd an Gott. Kann jedoch einer ohne Religion dem Tod verzweiflungslos ins Auge zu schauen? Der Tod verlangt eine Stellungnahme. Diese Entscheidung ist die existentiellste, die einem Menschen auferlegt ist.

2. Der Tod

Der Tod ist eine Wirklichkeit, die alle Dimensionen des Menschenlebens prägt. Wir entkommen ihr nicht. Ab etwa dem 3. Lebensjahr wissen wir unumstößlich von diesem Ereignis im Voraus. Das dürfte von keinem anderen Lebewesen auf der Erde zu sagen sein. Tiere mögen wohl unmittelbar vor ihrem Ende ahnen, was ihnen bevorsteht, über eine reflexe, ausdrückliche, lange vor dem Ereignis vorhandene Kenntnis verfügen sie nicht. Weil der Tod das höchste Gut vernichtet, das wir haben, unser eigenes Leben, sind die Menschen schon immer veranlasst, ja geradezu gezwungen worden, sich damit auseinanderzusetzen. Das geschieht ob der einschneidenden Bedeutung des Todes in einer Vielzahl von Bereichen und Disziplinen – in Brauchtum und Kultur, in den Naturwissenschaften, in der geistigen und denkerischen Auseinandersetzung. Die Haupt- und Fundamentalfrage lautet: Was ist das eigentlich – der Tod als Ende des in der Zeugung begonnenen Lebens?

Der biologische Tod

Darunter wollen wir das Ende verstehen, das durch die biologischen Gesetze gegeben ist, die für unseren, den menschlichen Organismus bedingungslos gelten. Gegenwärtig muss man sagen, dass kaum einer diese Spanne auszufüllen vermag. Wie bereits gesagt, hat sich in den letzten Jahrzehnten die durchschnittliche Lebenserwartung gewaltig erhöht. Um 1740 starben von 1000 jungen Leuten zwischen 15 und 25 Jahren noch 67; ein Jahrhundert später, gegen 1850, waren es bloß noch 53; 1985 lag die Quote unter einem Promille. Wer heute das Licht der Welt erblickt, darf, wenn männlichen Geschlechts, mit knapp 73, wenn ein Mädchen, mit circa 80 Lebensjahren rechnen – das ist immerhin das Doppelte wie an der letzten Jahrhundertwende. Trotzdem ist nochmals zu sagen: Fast ein weiteres Halbjahrhundert länger ließe sich unter biologischem Gesichtspunkt leben. Dann aber dürfte es für immer aus sein. Warum eigentlich? Den Lebensvorgängen im Organismus widersetzen sich von Anfang an zahlreiche Faktoren – Viren, Bakterien, genetische und chemisch verursachte Schädigungen. Dieser setzt ihnen Reparaturprogramme, immunologische Abwehrreaktionen und Enzymaktivitäten entgegen, die den Verfall aufhalten. Im Laufe der Jahre werden die Reaktionen immer schwächer. Dieses Faktum nennen wir die Alterung, das Altwerden eines Menschen. Verursacht wird es wahrscheinlich durch Gene. Von solchen Alterungsgenen kennen wir derzeit drei, vermutlich sind aber rund 7000 beteiligt. Sie setzen zwei biologische „Uhren" in Betrieb, die das Altern mitbestimmen.

Die erste „Uhr" bilden vermutlich die so genannten Telemere. Das sind kleine Abschnitte am Ende eines jeden Chromosoms. Bei jeder Zellteilung, die erst den Lebensfortgang ermöglicht, wird ein Satz dieser Telemere verbraucht. Sind alle aufgebraucht, stirbt die Zelle ab. Sterben alle Zellen, tritt der Tod des ganzen Organismus ein. Das ist absolut nach etwa 125 Jahren der Fall. Eigenartigerweise gibt es ein Enzym, die Telemerase, das die Keimzellen vor Alterung bewahrt, indem es die verlorengehenden Teile der Telemere ersetzt. Auch den Krebszellen gelingt es, sich ständig zu erneuern, indem jene Endstücke unaufhörlich neu produziert werden. Gelänge es, die Telemerverkürzung bei allen Zellen aufzuhalten, würde das Leben im entsprechenden Maß verlängert.

Die zweite „Uhr" ist nichts anderes als der Stoffwechsel. Es sieht so aus, dass jedes Lebewesen für eine bestimmte Stoffwechselleistung bestimmt ist, die nicht regenerierbar ist. Ist sie erschöpft, geht das Leben zu Ende. Gelingt es also, sie wenigstens zu verlangsamen (z. B. durch Kalorienreduktion), kann es verlängert werden. Aber auch das geht nach derzeitiger Kenntnis nur bis zu einem Zeitpunkt, der zwischen 120 und 130 Jahren anzusetzen ist. Dann ist es aus. Man muss sich aber fragen, warum dem so ist. Könnten die Organismen nicht so gebaut sein, dass sie ewig leben? Die Biologie verneint diese Frage mit dem Hinweis auf die Evolution. Die Entstehung immer neuer Arten ist nur dann möglich, wenn die alten vergehen. Durch ihr Sterben machen sie Platz für andere Formen und andere Individuen innerhalb der Art; sie verhelfen dem Leben zu Erhaltung und Fortbestehen gegen Überalterung und Stagnation. Der Tod ist der Preis für die Entwicklung, deren Ergebnis einmal das Individuum gewesen ist, das stirbt.

Tod in der Medizin

Aber wann ist es tatsächlich aus? Wann stirbt *dieser* Mensch? Spätestens an diesem Punkt wird im konkreten Fall aus der grauen Theorie grauenhafte Praxis. Das ist neu. Es ist noch nicht lange her, da stellte der Arzt mehr oder minder mühelos das Ableben eines Patienten fest: Wenn das Herz stillstand, der Kreislauf nicht mehr funktionierte, kein Atem mehr festzustellen war, die Leichenstarre einsetzte, dann gab es keinen Zweifel mehr: Der Mensch war unwiderruflich tot.

Heute sieht es manchmal so aus, als sei es dem Arzt aufgegeben, den Tod nicht mehr fest-, sondern herzustellen. Wir hören von Medizinern, die Maschinen abstellen, Stecker aus der Leitung ziehen – und der Patient, bislang noch scheinbar atmend, rosigen Leibes, mit offenkundig eigenständigen Bewegungen, lebendig also, endet alle diese Funktionen, erleidet mithin den Tod. Sofort betreten andere Mediziner das Sterbezimmer, um dem Körper bestimmte Organe zu entnehmen, die anderen Menschen eingepflanzt werden, um ihnen gesundes Leben zu ermöglichen. Für viele Menschen eine entsetzliche Vorstellung. Töten Mediziner nun? Die

Frage bekommt ganz neue Dimensionen: Was ist der Tod?

Gundolf Gubernakis, der Sprecher der Deutschen Stiftung Organtransplantation, hat geantwortet: „Der Tod ist eine Verabredung auf der bestmöglichen Wissensbasis." Verabredungen kann man ändern. Ist damit der Tod doch ins Belieben der Ärzte gelegt? Früher fielen für sie die drei wesentlichen Kriterien des Todes zeitlich zusammen: Atmungsstillstand, Herz-Kreislauf-Stillstand, Gehirntätigkeitsstillstand. Inzwischen ist es möglich geworden, diese Merkmale zeitlich auseinanderzudividieren. Atmung und Kreislauf können durch entsprechende Geräte fast beliebig lang aufrechterhalten werden; bei der Gehirnfunktion geht das im Augenblick nicht. Die moderne Medizin ist daher zur Überzeugung gekommen, dass es nicht mehr möglich ist, den genauen Zeitpunkt des Todes als des letzten und endgültigen Schrittes über die Schwelle des Lebens wissenschaftlich exakt zu bestimmen. Dies war auch solange belanglos, als über das Ableben eines Menschen hinaus ein medizinisches Interesse am Leichnam im Regelfall nicht gegeben war. Seit die Möglichkeit der Organtransplantation unpaariger Organe (Herz, Leber) entwickelt worden war und seitdem sie eine immer bedeutsamere Rolle in der Gesundheitsfürsorge erobert hat, erwies es sich für den Patienten, der ein neues Organ bekommen sollte, als lebensrettend, ein möglichst „frisches" Transplantat zu erhalten, d. h. ein solches, das von einem eben Gestorbenen stammt. Nun war es außerordentlich wichtig, den genauen Termin des Ablebens zu fixieren. Er steht nicht mehr aus sich selber fest wie einst.

Zwei Grundmeinungen haben sich derzeit herausgebildet:

a) Die „Vitalisten" sind der Ansicht, das Leben ende erst, wenn der Organismus an keiner Stelle mehr Energie aufwendet, um dem Zerfall gegenzusteuern. Solange mithin Herz und Kreislauf in Betrieb sind (und sei es durch Maschinen), müsse man von einem lebendigen Körper sprechen.

b) Die „Mentalisten" meinen, der Tod trete dann ein, wenn die Integrationsleistung des betreffenden Organismus irreversibel (unumkehrbar) zerfalle. Das sei der Fall, wenn die Gehirnleistung des Organismus total ausfalle. Weil die Identität eines Menschen an die Identität des Gehirns geknüpft ist, bedinge der Zerfall der letzteren auch den der ersteren: Der Mensch als leib-seelische Einheit sei damit nicht mehr existent, also tot. *Wann* das exakt so ist, unterliegt nochmals einer Kontroverse:

(1) Ein Teil der Wissenschaftler sieht den Zeitpunkt des Ablebens gekommen, sobald die Bewusstseinsfähigkeit irreversibel erloschen ist; das ist beim unumkehrbaren und völligen Ausfall des Großhirns gegeben *(Teilhirntodkriterium)*. In Deutschland wird diese Theorie als Voraussetzung einer Transplantation nicht akzeptiert.

(2) Die Mehrzahl erkennt den Fall des Todes erst dann als gegeben an, wenn die Bewusstseinsfähigkeit, die Integrationsfähigkeit und die Fähigkeit zur Steuerung der Körperfunktionen, mithin alle Gehirntätigkeiten aller Gehirnteile für immer und unumkehrbar ausgefallen sind und dies durch eine mindestens 30 Minuten dauernde hirnelektrische Stille, das sog. Null-Linien-EEG, und einen zerebralen Kreislaufstillstand nachgewiesen wird *(Ganzhirntodkriterium*: Die Kriterien sind veröffentlicht im Weißbuch der Bundesärztekammer „Anfang und Ende menschlichen Lebens – medizinischer Fortschritt und ärztliche Ethik", Köln 1988, 125–149). In dieser Hypothese ist Tod kein bloß biologischer, sondern ein anthropologischer Begriff. Er erlaubt es, dass man von Tod auch dann sprechen kann, wenn einzelne Lebenserscheinungen wie Atmung und Kreislauftätigkeit zwar aufrecht erhalten bleiben, aber nicht mehr vom Körper oder einem integralen Teil desselben, sondern von einem Apparat gesteuert werden.

Schließt man sich diesem zuletzt genannten, innerhalb der Gehirnmedizin sichersten Kriterium an, dann sind die Organe eines Menschen, der gehirntot ist, Organe eines

Leichnams, die grundsätzlich verfügbar sind. Es herrscht Übereinstimmung darüber, dass selbstverständlich eine letztwillige Verfügung zu Lebzeiten des Spenders bzw. seiner engsten Angehörigen nach dessen Bewusstseinsausfall vorliegen muss, damit ein Eingriff wirklich erfolgen darf. Bei den Erwägungen über die eventuelle Spende eigener Organe mag es hilfreich sein zu wissen, dass in Deutschland sehr strenge gesetzliche Bestimmungen bezüglich der Organentnahme bestehen, dass aber auch das Leben von Tausenden gerettet werden kann, sofern ein Spender Herz, Leber oder Nieren zur Verfügung stellt (Abb. unten und S. 28). Die Möglichkeiten der heutigen Medizin haben für zahlreiche Menschen die Angst wachsen lassen – nicht nur vor dem Tod und vor dem Sterben allgemein, sondern auch vor einer unsinnigen Verlängerung der Körperfunktionen durch die Apparateversorgung bei gleichzeitigem Wissen, dass ein eigenständiges menschenwürdiges Leben nicht mehr hergestellt werden kann. Mittels einer „Patientenverfügung" ist es aber möglich, entsprechende Vorkehrungen zu treffen.

Das Verhältnis von Transplantationsfrequenz (dringend notwendige Verpflanzungen) und durchgeführten Transplantationen im Jahr 1996.

Quelle: H. Smit – W. Schoeppe – T. Zickgraf, Organspende und Organtransplantation in Deutschland 1996, © Deutsche Stiftung Organtransplantation, Neu-Isenburg 1996, S. 1.

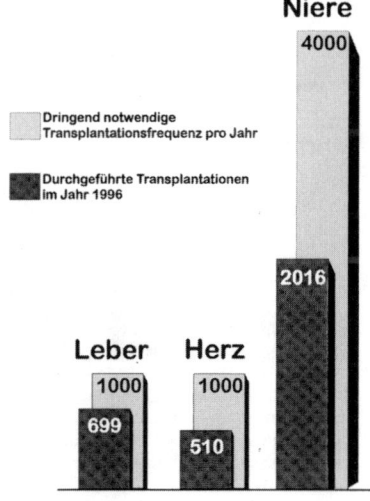

Erklärung zur Organspende

Name, Vorname	Geburtsdatum

Straße	PLZ, Wohnort

☐ **Ich bin Organspender:** Ich möchte kranken Menschen dadurch helfen, daß mir nach meinem Tod Organe/Gewebe zur Transplantation entnommen werden.

☐ **Ich bin Organspender,** ausgenommen folgende Organe/Gewebe:

☐ **Ich bin kein Organspender:**
Ich widerspreche einer Entnahme von Organen/Gewebe.

Organspende rettet Leben!

☐ **Ich übertrage die Entscheidung über eine Organspende nach meinem Tod auf:**

Name, Vorname	Telefon

Straße	PLZ, Wohnort

Anmerkungen/Besondere Hinweise

Datum	Unterschrift

ARBEITSKREIS ORGANSPENDE
Postfach 1562 · 63235 Neu-Isenburg

Kostenloser Infoservice Organspende: 0130 - 91 40 40

Der „Arbeitskreis Organspende", ein Zusammenschluss von 28 Organisationen, darunter auch des Deutschen Caritasverbandes und des Deutschen Evangelischen Krankenhausverbandes, hat eine „Erklärung zur Organspende" herausgegeben, die man bei den Personalpapieren tragen kann.

Die „Christliche Patientenverfügung" will einen Weg zeigen zwischen einer christlich nicht zu verantwortenden Lebensverkürzung auf der einen, einer sinnlosen Sterbensverlängerung auf der anderen Seite, um bis zum Tod ein Leben in Frieden und Würde zu gewährleisten. Für den Fall, dass der unheilbar kranke Patient im Sterben liegt, wird die Unterlassung lebenserhaltender Maßnahmen ohne jegliche Aussicht auf eine erfolgreiche Behandlung verfügt („passive Sterbehilfe"). Statt dessen soll sich die ärztliche und pflegerische Behandlung auf die Linderung von Schmerzen, Unruhe und Angst konzentrieren, und zwar auch dann, wenn durch die schmerzlindernde Therapie eine Lebensverkürzung nicht auszuschließen ist („indirekte Sterbehilfe"). Ausdrücklich abgelehnt wird aber eine aktive Sterbehilfe.

Die Patientenverfügung sollte bei den persönlichen Papieren hinterlegt und durch eine Vollmacht zur definitiven Entscheidung für eine Vertrauensperson sowie einen Hinweis auf die Existenz beider Dokumente bei den Ausweispapieren ergänzt werden.

Quelle: Christliche Patientenverfügung. Handreichung und Formular, herausgegeben vom Kirchenamt der Evangelischen Kirche in Deutschland, Herrenhäuser Straße 12, 30419 Hannover, und vom Sekretariat der Deutschen Bischofskonferenz, Kaiserstraße 163, 53133 Bonn.

Philosophische Erwägungen zum Tod

Die neuen Entwicklungen mit ihren für viele Zeitgenossen fatalen Aussichten haben zu neuem Nachdenken über den Tod Anlass gegeben. Was ist er eigentlich, über die Daten, die die Naturwissenschaften gewinnen können, hinaus? Deren Verlegenheit hinsichtlich der Definition des Todes rührt, wie wir eben sahen, genau aus der Einsicht, dass er nicht biologisch oder medizinisch, sondern nur anthropologisch bestimmt werden kann – das will sagen: Was er ist, ergibt sich aus der Gesamtheit der Daten, die über den Menschen in menschlicher Erkenntnis gewonnen werden können. Eine dieser Tiefendimensionen erforscht die Philosophie. Philosophen haben denn auch seit eh und je über das Lebensende nachgedacht.

Eine erste wesentliche Einsicht war jene, die auch von Anfang an in diesem Werk leitend ist, weil sie sich so nahe legt, sobald man anfängt nachzudenken: Da Tod und Leben unteilbar und untrennbar aufeinander bezogen sind, stehen auch Sexus, Eros und Agape, die Formen der menschenmöglichen Liebe, als Impulse der Lebensweckung in unlösbarer Relation zum Tode. Fast alle Völker kennen auf allen Kulturstufen einen Mythos, der die geheimnisvolle Verwobenheit beider Größen anschaulich machen will (Text S. 33).

Die Griechen schufen überdies Knabenstatuen, die zugleich *Eros* und *Thanatos,* den Gott der Liebe und den Gott des Todes darstellen. Beide sind kosmische Urgewalten, denen der Mensch Ehrfurcht und Verehrung, religiösen Kult also, schuldig ist. Die Kunst der Neuzeit nahm den Grundgedanken wieder auf mit dem Motiv „Der Tod und das Mädchen". Zu Beginn stand eher der Kontrast zwischen der Leibesschönheit des jungen Menschenkindes und dem makabren Knochenmann im Vordergrund, seit dem 19. Jahrhundert aber verlagerte sich die Darstellung auf die inneren Zusammenhänge zwischen Lebensdynamik und Todesmacht. In einer Lithographie von Edvard Munch, vor etwa hundert Jahren entstanden, sehen wir zwar noch das erotische Moment: Der Tod schlingt seine dürren Arme um den üppigen Leib des nackten Mädchens, schiebt sich zwischen ihre Schenkel. Doch in der Rahmenleiste weisen embryonale Gestalten und Spermien auf die Zukunft und damit auf die Todesüberwindung hin (Abb. S. 34). Das Leben ist mächtiger als die Gewalt des Todeskusses, ja dieser ist – Munch erinnert da an die Einsicht der Evolutionsbiologie – nötig um des Lebens willen. Leben in Liebe zeugen, ist darum Selbstaufgabe hinein ins Sterben. Der Augenblick der höchsten Lust fällt zusammen mit einer Erkenntnis, die tiefste Depressivität herauführt.

Schon die antike Lebensweisheit hat gespürt: „Jedes Lebewesen ist nach dem Sexualakt traurig" *(Omne animal post coitum triste).* Eben daraus, so zeigt sich dem weiteren Bedenken, rührt aber Drama wie Paradoxalität des Todes. Das Drama besteht darin, dass im Moment glückhaftester Extase und auf dem Gipfel der Lebensmächtigkeit zweier Menschen die schrecklichste Ek-Stasis, das Heraustreten aus dem Leben in den Tod und damit in die Tiefe der denkbaren Ohnmacht, Wirklichkeit wird. Zeugen ist Anheimgeben seiner selbst wie auch der Liebesfrucht in das Ende. Die Dramatik steigert sich, weil man ihr wiederum nur um den Preis des Todes entrinnen kann: Der Mensch ist zum Lieben geboren und kann nur als Liebender wirklich leben. Lieblosigkeit ist dann Tod. Liebt er aber, so ist der Gegenstand der Liebe ein anderer Mensch oder das Subjekt selber. Im zweiten Fall widerfährt ihm das Los des Narziss der griechischen Sage: Er stirbt ins Untermenschliche hinein. Im ersten Fall aber wirkt er desgleichen sein Ende durch den anderen und im anderen.

Aus dem Drama folgt das Paradoxon: Glücklich kann nur der Liebende werden; wer glücklich wird, verwirklicht sich selber, kommt zu sich selber, besitzt sich zu eigen, wird seiner inne. Dazu bedarf er des anderen, des geliebten Menschen, für den er da ist, für den er sich einsetzt, dem er ein und alles sein will. Der Grundtenor jeder Liebe ist das Wort des Liebenden: Ich bin dein und du bist mein. Er kommt also nur ganz zu sich, wenn er sich ganz verliert – ganz und gar, also in den eigenen Tod hinein, der immer die letzte Konsequenz menschlicher Liebe ist. Nur wer liebt, kann leben, aber wer liebt, stirbt stets. Tod ist zuinnerst der Liebe Tod.

An jedem Grab werden wir dessen gewahr. Wo einer in die Grube sinkt, versteinert das Drama von Liebe und Tod in die Endgültigkeit der Lebenszeit der Hinterbliebenen: Liebe führt nicht mehr zum Tod, sie ist gestorben. Zurück bleibt der Liebende, aber sein Leben ist wie gehälftet. Kann man leben, wenn man das weiß und vor allem, wenn man es erlebt? Ist nicht die Unbedingtheit jeder echten und wahren Liebe der unstillbare Protest gegen die offensichtliche Ver-geblichkeit dessen, was von Natur aus Ewigkeit einfordert? Jede Liebe will Dauer, damit ich dein und du mein sein kannst. Wenn aber die menschliche Existenz so fundamental auf Liebe ausgerichtet ist, kann sie dann wirklich ganz und gar vergehen und genichtet werden?

Die Besinnung über die Macht der Liebe vermag am Horizont unseres Seins die Möglichkeit einer Überwindung des Todes aufleuchten zu lassen. Es gibt darüber hinaus noch andere Erfahrungen, die eine Gegeninstanz zur Unausweichlichkeit eines absoluten und unwiderruflichen Verendens bilden. An erster Stelle kommt wohl das bei den meisten Menschen vorhandene Grundvertrauen in die Wirklichkeit in Frage. Man kann eigentlich nur existieren, wenn man in den Wurzeln davon überzeugt ist, dass Sein stärker ist als Nicht-Sein, dass die Realität mehr ist als das Unwirkliche. Sonst würde sich nichts lohnen, was seins-mächtig ist und wirkt: keine Arbeit und keine Erholung, keine Güte und keine Erziehung, weder Kunst noch Kultur, weder Schreiben noch Lesen.

Der Mythos der Nube aus Nigeria deutet die Verwobenheit von Eros und Thanatos auf anrührende Weise.

Quelle: John S. Mbiti, „An den Knochen kannst du erkennen, wo der Elefant verendet ist". – Der Tod in der afrikanischen Religion und Kultur: Constantin von Barloewen (Hrsg.), Der Tod in den Weltkulturen und Weltreligionen, Heinrich Hugendubel Verlag, München 1996, 203.

Schildkröten, Menschen und Steine.

Gott erschuf die Schildkröte, die Menschen und die Steine, und alle erschuf er sie in einer männlichen und einer weiblichen Gestalt. Den Schildkröten und den Menschen hauchte er Leben ein, nicht aber den Steinen. Keines dieser Geschöpfe konnte Kinder bekommen, und wenn sie alt wurden, starben sie nicht, sondern wurden wieder jung.

Die Schildkröte aber wollte Kinder haben, und so begab sie sich zu Gott (um Kinder für sich zu erbitten). Aber Gott sprach: „Ich habe dir Leben gegeben, aber ich habe dir nicht die Erlaubnis gegeben, Kinder zu bekommen."

Nichtsdestotrotz begab sich die Schildkröte wieder zu Gott, um ihre Bitte zu wiederholen, und schließlich sagte Gott: „Immer wieder kommst du her und bittest um Kinder. Ist dir auch klar, daß die Lebenden, wenn sie mehrere Kinder gehabt haben, sterben müssen?"

Die Schildkröte aber sprach: „Laß mich meine Kinder sehen und dann sterben." Da erfüllte ihr Gott ihren Wunsch.

Als der Mensch sah, daß die Schildkröte Kinder bekam, wollte auch er Kinder haben. Gott warnte den Menschen wie zuvor die Schildkröte, daß er dann sterben müsse. Aber der Mensch sprach: „Laß mich meine Kinder sehen und dann sterben." So kamen der Tod und die Kinder in die Welt. Nur die Steine wollten keine Kinder haben, und so sterben sie nie.

Zwar wird dieses Grundvertrauen immer wieder erschüttert, trotzdem verlieren die Menschen, die meisten Individuen nicht und die Menschheit als ganze erst recht nicht, die Sehnsucht, den Sinn des Lebens zu finden, der da sein muss, soll jenes Vertrauen eine radikale Berechtigung haben. Dann aber kann die augenscheinliche Sinnlosigkeit, die in vielen Details des Lebens, unausweichlich aber in der Nichtung durch den Tod wahrgenommen wird, nur vorletzte, nicht allerletzte Realität sein.

Eduard Munch, Tod und Mädchen.
© The Munch Museum/The Munch Ellingsen Group/VG Bild-Kunst,
Bonn 2000.

Zu einem ähnlichen Schluss führt der uns offenbar einwohnende Hunger nach der Gerechtigkeit und das Gespür für endgültige Verantwortung. In uns wehrt sich alles gegen die Vorstellung, der Mörder solle für immer über sein Opfer triumphieren können oder jemand könne sich seiner Pflicht entziehen, der Leib oder Seele eines Mitmenschen schwer geschädigt hat. Sein Tod löst das Böse nicht, auch dann nicht, wenn er selber diesen Tod als das Böse erfährt, das auf ihn wartet.

Aber keineswegs kommt er immer unter dieser Gestalt auf uns zu. Es gibt auch den lockenden Tod, den ersehnten Tod, den befreienden Tod, den gnädigen Tod. Es war schon einmal das schöne Wort „lebenssatt" aus dem Alten Testament aufgerufen. Vom Ende Abrahams, des Vaters aller Glaubenden, sagt das Buch Genesis (25,8): „Hundertfünfundsiebzig Jahre wurde er alt, dann verschied er. Er starb in hohem Alter, betagt und lebenssatt, und wurde mit seinen Vorfahren vereint." Wer viel mit Menschen, deren Leben sich neigt, zu tun hat, trifft darunter gar nicht so wenige, die innig ihr Ende herbeisehnen, sei es, weil sie meinen, genug gelebt zu haben, oder weil sie keinen Sinn mehr im Weiterexistieren erkennen, weil sie geschüttelt sind von Schmerzen oder in ausweg loser Lage sich wähnen. Nicht ganz selten sind Zeugnisse, in denen Leute gestehen, sie wünschten sich das absolute Ende herbei, ohne Hoffnung auf ein Weiterleben, auf Unsterblichkeit.

In seinem letzten Buch hat der Dichter *Reinhold Schneider* zugleich mit seinem Glauben an das Ostergeschehen bekannt: „Meine Lebenskraft ist so sehr gesunken, dass sie über das Grab nicht hinauszugreifen, sich über den Tod hinweg nicht zu sehen und zu fürchten vermag" (Winter in Wien, Freiburg/Br. 1958, 76). Die Hoffnung auf ein Nirwana, auf ein endliches Durchbrechen der Leidenskette des Lebens zieht viele Menschen heute zum Buddhismus hin.

Man muss sich zu alledem auch einmal der Überlegung stellen, wie es denn wäre, wenn wir nicht sterben müssten, genauer: Wenn ich nicht sterben müsste, dieses Individuum, das ich bin. Das Motiv des Ewigen Juden, des Fliegenden Holländers ist öfter aufgegriffen worden. Es zeigt sich sehr bald, dass auch das entsetzliches Leid wäre: Immerfort auf dieser Erde weilen. Auch dann sind die Hoffnungen unerfüllbar, die Sehnsüchte vergebens. *Simone de Beauvoir* hat in ihrem Roman „Alle Menschen sind sterblich" das Schicksal des Grafen Fosca beschrieben, der, auf geheimnisvolle Weise unsterblich geworden, sechshundert Jahre europäischer Geschichte erlebt und erduldet. Er ist ein unglücklicher, ein tragischer Mann.

Simone de Beauvoir, Alle Menschen sind sterblich. Deutsche Übertragung von Eva Rechel-Mertens. © 1970 by Rowohlt Taschenbuch Verlag GmbH, Reinbek (rororo 11302, S. 306 f.).

„Nieder mit der Republik!" hatte das Volk geschrien, und er hatte geweint; weil er geweint hatte und weil er in diesem Augenblick lächelte, war sein Sieg ein wahrer Sieg, die Zukunft vermochte dagegen nichts; er wußte, er würde morgen von neuem wollen, ablehnen, kämpfen; es konnte nicht anders sein; morgen würde er wieder beginnen, doch heute war er Sieger. Sie sahen sich an und lachten: heute haben wir gesiegt. Sie sprachen untereinander, und weil beide sich so ansahen und miteinander redeten, wußten sie, daß sie weder Eintagsfliegen noch Ameisen waren, sondern Menschen, und daß es einen Sinn hatte, zu leben, zu kämpfen und Sieger zu sein; sie hatten etwas gewagt, sie hatten ihr Leben gegeben, um sich zu überzeugen, und waren überzeugt: es gab keine andere Wahrheit.

Ich ging zur Tür; ich konnte mein Leben nicht einsetzen, ich konnte nicht mit ihnen lächeln, nie waren Tränen in meinen Augen, nie Feuer in meinem Herzen. Ein Mensch von nirgendwoher, ohne Vergangenheit, ohne Zukunft und ohne Gegenwart. Ich wollte nichts, ich war niemand. Ich ging Schritt für Schritt dem Horizont zu, der immer vor mir entwich; die Wassertropfen sprühten auf und sanken wieder hinab, ein Augenblick vernichtete ewig den andern, meine Hände blieben immer leer. Ein Fremder war ich, ein Toter. Sie waren Menschen, sie lebten. Ich war keiner der Ihren. Ich hatte nichts zu hoffen, ich ging zur Tür hinaus.

Wer dem Tod fragend ins Antlitz schaut, begegnet einem Geheimnis. Wechselnd ist der Anblick: Grausam scheint der Tod, aber auch gütig; mit Angst wird er erwartet, aber auch mit Sehnsucht. Was ist der Tod, was ist er *eigentlich*? Die Philosophen haben keine Antwort, die befriedigen kann; haben die Religionen sie?

Der Tod in den Religionen

Scheiden wir die Hypothese der irdischen Todlosigkeit aus, die in der Gestalt des Grafen Fosca erdacht worden, aber tatsächlich unmöglich ist, bleiben zwei Möglichkeiten, um mit dem Geheimnis des Todes fertig zu werden. Die erste besagt: Mit dem Tod ist alles aus; er ist nicht nur das physische, sondern das absolute Ende des Menschen. Dahinter und danach ist das Nichts. Es gibt keine Religion, die diese Alternative bejahen würde. So bleibt die zweite: Es gibt ein Leben nach dem physischen Ende, nach der Auflösung der organischen Einheit, die Mensch heißt. Alle Religionen haben sich dafür entschieden.

Freilich unterscheiden sie sich, wenn es um die Frage geht, wie dieses weitere Leben zu denken ist. Auch hier zeigt sich wieder ein doppelter Hauptweg. Für einige Religionen beginnt nach dem Tod eine jenseitige, irgendwie verwandelte und mit der gegenwärtigen nicht eigentlich zu vergleichende Existenzform, andere vertreten die Reinkarnation. Sie glauben, dass ein Teil des Menschen, die Seele ist es gewöhnlich, sich neuerlich (re-) mit einem Leib bekleide (incarnatio), sei der nun menschlich oder untermenschlich. Von dieser Hauptstraße zweigen wiederum Nebenstraßen ab, die in den Detailfragen voneinander abweichende Richtungen einschlagen. Sie brauchen uns in diesem Zusammenhang nicht weiter zu beschäftigen.

Die Tabelle S. 38 gibt eine schematische, die Einzelheiten außer acht lassende Übersicht über die wesentlichen Jen-

	Altägypten	Altgriechenland	Islam	Buddhismus	Hinduismus
Theologische Bedeutung des Todes	Seinserweiterung, Existenzsteigerung	Befreiung der Seele zur Unsterblichkeit	Ende der Prüfungen der Seele	Ansatz zur Befreiung von den Begierden	Bedingung des Lebens als Beginn einer neuen Phase des Geburtenkreislaufs
Leben nach dem Tod	Tote leben in ihrer leiblichen Gestalt weiter	nur Seele	Seele	Reinkarnation	Reinkarnation
Vergeltung	Totengericht	Totengericht	Gericht am Jüngsten Tag	= Reinkarnation	Gericht des Gottes Yama
Strafe	nach Taten	Tartarus	Hölle	Reinkarnations-Kette	ewige Verdammnis
Vollendung	nach Taten	Insel der Seligen	Paradies für Leib und Seele	Nichtmehr-geborenwerden (Nirvana)	Himmel für die Seele

Die Jenseitsvorstellungen einiger Religionen

seitsvorstellungen der bedeutendsten Religionen – bedeutend nicht nur im Blick auf die Gegenwart, sondern auch in bezug zu den biblischen Aussagen zur Eschatologie, die die christlichen Vorstellungen geprägt haben, von denen im weiteren Verlauf unserer Gedanken die Rede sein soll.

Hinter allen diesen Vorstellungen, wie bunt sie sich auch darbieten, steht neben der Überzeugung von einem Weiterverlaufen des Lebens auch die Überzeugung, dass die Gestaltung des gegenwärtigen Lebens, das Tun und Unterlassen eines Menschen Wirkungen entfalten, die die Todeslinie überdauern. Es gibt eine Vergeltung auf der anderen Seite, die zur Verantwortung auf dieser Seite mahnt. Das Schicksal des einzelnen ist noch nicht abgeschlossen, wenn er sie überschreitet, Rechenschaft wird vielmehr von ihm in dieser oder jener Weise gefordert und entsprechend dem Tun ist das nunmehrige Ergehen des Menschen.

Es bedeutet allerdings einen erheblichen und wesentlichen Unterschied, ob der, von wem auch immer zu fällende, Entscheid über das künftige Schicksal Endgültigkeitswert hat oder nur das Bindeglied zu einer neuen, zum anderen Male irdischen Existenz ist, wie dies in den östlichen Religionen der Fall ist, die eine Reinkarnation lehren. Da derzeit auch im Westen zahlreiche Menschen daran auf ihre Weise zu glauben geneigt sind, müssen ein paar Worte darüber verloren werden. An erster Stelle ist zu bemerken, dass die modernen westlichen Theorien nur wenig mit denen des Ostens zu tun haben. Bei uns gilt die Reinkarnation als *willkommene* Möglichkeit, neuerlich zu leben, vielleicht auch besser und angenehmer zu leben und das Misslungene zu korrigieren.

Demgegenüber verstehen Buddhismus wie Hinduismus die Geburtenkette als *Strafe*. Sie haben die Lehre vom Karma (abgeleitet vom Verbum für *tun, handeln*) entwickelt. Sie besagt: Das nachirdische Schicksal des Menschen hängt ab von seinen früheren Daseinsformen. Mechanisch-automatisch wird der Mensch (seine Seele) je nachdem wiedergeboren als Pflanze, Tier oder Mensch. Er bedarf der von außen kommenden Erlösung (Hinduismus) oder der eigenen Kraft, aus der Begehrensfolge sich zu lösen (Buddhismus), um Glück oder Ruhe zu finden. Die Wiedergeburt ist mithin eine leidvolle Bestimmung des Menschen.

Anziehend an dieser Vorstellung ist sicher die Möglichkeit, ein gescheitertes oder auf halbem Weg steckengebliebenes Leben doch noch recht und vollkommen zum endgültigen Abschluss zu führen. Der Reinkarnationsgedanke kommt auch unserem Streben nach ausgleichender Gerechtigkeit und abschließender Vollendung der Geschichte entgegen. Dem steht jedoch die Tatsache entgegen, dass in diesem System der Mensch keine wirkliche Verantwortung trägt. Das Leben bekommt einen letzten Unernst, eine tiefe Beliebigkeit: Nichts gilt wirklich, nichts ist definitiv.

Der Tod in der Bibel

Im alten Israel wird der Tod erlebt als etwas durch und durch Natürliches: Das Ende des Atmens bei einem Lebewesen, das Verwesen, die Unumkehrbarkeit sind seine Kennzeichen. Aber es dauert ziemlich lange, bis sich die Autoren der Heiligen Schrift des Ersten oder Alten Testamentes Gedanken über das Schicksal der einzelnen Toten machen. Der Grund: Im Zentrum ihres Denkens steht das Volk, weniger das Individuum oder besser: das Individuum hauptsächlich, sofern es Mitglied des Bundesvolkes ist. Schon immer meinte man, dass nicht alles und nicht alles ganz und gar mit dem Absterben aus ist. Man stellt sich die Toten als leiblose Schattenexistenzen in einem unterirdischen Reich, der *Scheol,* vor. Erst bei Ezechiel, der zwischen 592 und 571 v. Chr. gewirkt hat, findet man eine Andeutung dergestalt, dass sich Jahwes, des biblischen Gottes, Macht auch auf das Totenreich erstreckt: Sein Geist wird denen verliehen, die aus der Unterwelt zurückkehren (Ez 37,1–14). In der sogenannten Jesaja-Apokalypse (Jes 24–27) steht die erste Ankündigung einer allgemeinen Totenauferstehung (26,19):

> „Deine Toten werden leben, die Leichen stehen wieder auf;
> wer in der Erde liegt, wird erwachen und jubeln.
> Denn der Tau, den du sendest, ist ein Tau des Lichts,
> die Erde gibt die Toten heraus."

In der Spätzeit verdichtet sich diese Ahnung zur Gewissheit, so beim Verfasser des 2. Makkabäerbuches (12,43 ff.) oder beim Autor des Danielbuches (12,2). Die Gründe liegen einzig und allein bei Gott selber, nicht bei irgendeinem Moment, das der Mensch von sich aus beibrächte. Die Israeliten kennen auch nicht wie die Griechen einen unzerstörbaren Lebens-Teil, die Seele, die sich über den Tod aus eigener Kraft durchhalten würde. Ein erster Ansatzpunkt lautet: Wenn es ein Leben nach dem Tode gibt, so aufgrund der Macht und Kraft Jahwes. Nichts kann existieren, das seinem Wirkkreis entzogen bliebe. Weil aber das Leben die Voraussetzung der Gottesbeziehung für den Menschen ist, besteht der Tod in der Gott-Losigkeit (Ijob 14,1–14) – aber gerade das kann nicht sein, dass etwas außerhalb Gottes wäre.

Ein zweiter Gedanke, der zur Erkenntnis eines todesjenseitigen Lebens leitet, ist die unwandelbare Treue Gottes. Wenn Jahwe eine Schöpfung hervorbringt und wenn das einzige Motiv dazu seine grundlose Liebe ist, dann kann sein Werk nie vergehen; Liebe will immer, so hatten wir bereits in der philosophischen Analyse gesehen, Dauer und Ewigkeit. Sie kann der Mensch aus eigener Kraft nicht erreichen, aber Gott vermag das.

Der dritte Gedanke schließt konsequent daran an: Wenn die Kreaturen bestehen, dann in erster Linie der Mensch, der als einzige Gottes Gleichbild (Gen 1,27) ist; entsprechend freilich der Weise, wie er diese Gleichbildlichkeit gelebt hat. Im jüngsten alttestamentlichen Buch, bei Daniel, steht als Ergebnis (Dan 12,2 f.):

„Von denen, die im Land des Staubes schlafen, werden viele erwachen,
die einen zum ewigen Leben, die anderen zur Schmach, zur ewigen Abscheu.

Die Verständigen werden strahlen, wie der Himmel strahlt; und die Männer, die viele zum rechten Tun geführt haben, werden immer und ewig wie die Sterne leuchten."

Da allerdings nicht alle Israeliten die neueren Schriften der jüdischen Bibel als verbindlich (kanonisch) ansahen, gab es keine Übereinstimmung in der Frage der Totenauferstehung. Zur Zeit Jesu hielten daran fest die Pharisäer; die Partei der Sadduzäer leugnete sie, weil sie nicht in der Tora, den ältesten Texten zu finden war.

Im Zweiten oder Neuen Testament werden alle diese Gedanken konzentriert auf das und gedeutet von dem Lebens- und Todesschicksal Jesu. Dieses zeigte seinen Anhängern hinsichtlich des Menschenendes vor allem zwei Momente, die dann das Christentum nachhaltig bestimmt haben. Das erste und alles andere überstrahlende Moment ist natürlich das wahrlich atemberaubende Geschehen der Auferweckung des Mannes aus Nazaret. Man übertreibt nicht, wenn man behauptet: Das Neue Testament von der ersten zur letzten Seite ist nichts anderes als eine Reflexion der Erfahrung, die die Jesusgruppe gemacht hat: *Der Tote vom Karfreitag lebt seit dem Ostermorgen!* Etwa 30 Jahre später, in einem der frühesten Dokumente des Christentums, dem ersten Brief an die Gemeinde von Korinth, hat Paulus die Konsequenzen klipp und klar beschrieben, die damit für künftiges Todesverstehen zu ziehen sind (1 Kor 15,1–58. Auszüge: S. 43).

Das zweite Moment findet sich an der gleichen Stelle dokumentiert (VV. 21 f.). Die Frage taucht auf, woher denn der Tod komme. Paulus und seine Glaubensgenossen lasen in der Heiligen Schrift an einigen Stellen und hatten im Geschick Jesu erfahren, dass es einen Zusammenhang zwischen Tod und Sünde gibt. Ausgehend von der vermu-

Zwischen 53 und 55 verfasste der Apostel Paulus, der selber nicht zur ursprünglichen Jüngergruppe gehörte, sondern von deren wütendem Verfolger zum größten Theologen der alten Christenheit wurde, ein Schreiben an die Gemeinde der griechischen Hafenmetropole Korinth. In einer großen Textpassage gegen Ende legt er die Bedeutung der Auferweckung Christi für die Christen normativ dar (1 Kor 15,1–58). Daraus stammen die nachstehenden Auszüge (die Verszählung wird in Klammern vorangestellt):

(3) Christus ist für unsere Sünden gestorben, gemäß der Schrift, (4) und ist begraben worden. Er ist am dritten Tag auferweckt worden, gemäß der Schrift, (5) und erschien dem Kephas, dann den Zwölf. (6) Danach erschien er mehr als fünfhundert Brüdern zugleich; ... (7) Danach erschien er dem Jakobus, dann allen Aposteln. (8) Als letztem von allen erschien er auch mir ... (11) Ob ich nun verkündige oder die anderen: das ist unsere Botschaft, und das ist der Glaube, den ihr angenommen habt.
(12) Wenn aber verkündigt wird, dass Christus von den Toten auferweckt worden ist, wie können dann einige von euch sagen: Eine Auferstehung der Toten gibt es nicht? (13) Wenn es keine Auferstehung der Toten gibt, dann ist auch Christus nicht auferweckt worden. Ist aber Christus nicht auferweckt worden, dann ist unsere Verkündigung leer und euer Glaube sinnlos ...
(20) Nun ist aber Christus von den Toten auferweckt worden als der Erste der Entschlafenen. (21) Da nämlich durch einen Menschen der Tod gekommen ist, kommt durch einen Menschen auch die Auferstehung der Toten. (22) Denn wie in Adam alle sterben, so werden in Christus alle lebendig gemacht werden.

teten Abstammung des Menschengeschlechtes vom ersten Stammvater Adam, die im Buch Genesis vermerkt war, sahen sie die Menschheit als Sündengemeinschaft und deswegen auch als Sterbensgemeinschaft. Denn den Tod des Erstmenschen verstanden sie als Bestrafung für seine Übertretung des Gottesgebotes. „Durch einen einzigen Menschen kam die Sünde in die Welt", lehrte Paulus in seinem Schreiben an die römischen Christen, „und durch die Sünde der Tod, und auf diese Weise gelangte der Tod zu allen Menschen, weil alle sündigten" (Röm 5,12). Weil nun aber Jesus den Tod als Sühneleistung freiwillig für alle Menschen auf sich genommen hatte, waren sie seitdem wieder bestimmt zum ewigen Leben. Ein paar Zeilen danach kann Paulus zusammenfassen: „Der Lohn der Sünde ist der Tod, die Gabe Gottes aber ist das ewige Leben in Christus Jesus, unserem Herrn" (Röm 6,23).

Diese Texte haben, wie angedeutet, in der christlichen Kirche eine außerordentliche Wirkungsgeschichte entfaltet. Daraus ist die Erbsündenlehre seit Augustinus entstanden, daraus auch die negative Beurteilung der menschlichen Geschlechtlichkeit. Denn man sah in der mit dem Sexualakt verbundenen Lust den Übertragungsweg der Sünde und somit auch des Todes. Zum anderen Male zeigten sich die Verknüpfungen zwischen Eros und Thanatos, nun auch christlich. Heute haben wir damit erhebliche Probleme. Der Tod ist nicht irgendwie nachträglich zum Menschen in die Welt gekommen, sondern evolutionsbedingt, also „natürlich". Es hat nie eine Zeit gegeben, wie kurz man sie sich vorstellen mag, da Menschen „an sich" dem Tod enthoben waren. Er ist keine Sündenstrafe. Das hat im Übrigen auch Paulus sehr wohl gewusst: Im Philipperbrief zeigt er so etwas wie Todessehnsucht, sofern er auf diesem Weg zu Christus gelangen kann: Sterben ist ihm Gewinn, weil Christus das Leben ist (Phil 1,21–26).

Dass der Apostel etwas sehr Richtiges und Wichtiges gesehen hat, ist gleichwohl nicht in Abrede zu stellen. Gerade der Umstand, dass nicht alle Menschen das Verscheiden als böses Widerfahrnis ansehen, sondern, prinzipiell nicht anders als Paulus, gute und helle Seiten daran wahrnehmen, zwingt uns zu einer Unterscheidung, die sowohl der biologischen wie der theologischen Seite gerecht zu werden imstande ist. Der erste Satz lautet: Der Tod ist *natürlich*; und so kann er auch gesehen werden. Ein zweiter Satz muss beigefügt werden: Aber in vielen Fällen, ja beinahe stets, ist er *mit dem Bösen heillos verfilzt*. Die Sünde setzt dunkle Kräfte und Mächte frei, die tödliche Wirkungen haben. Wir

Die uralte Präfation, die in der Totenmesse der römisch-katholischen Liturgie gebetet werden kann, bringt in schönen Worten die Grundaussagen der biblischen Todeslehre auf den Nenner.

(Die Ständige Kommission für die Herausgabe der gemeinsamen liturgischen Bücher im deutschen Sprachgebiet erteilte für den aus dem Messbuch [Kleinausgabe, S. 452 f.] entnommenen Text die Abdruckerlaubnis.)

In Wahrheit ist es würdig und recht,
dir, Herr, heiliger Vater, allmächtiger, ewiger Gott,
immer und überall zu danken durch unseren Herrn Jesus Christus.

In ihm erstrahlt uns die Hoffnung, daß wir zur Seligkeit auferstehn.
Bedrückt uns auch das Los des sicheren Todes,
so tröstet uns doch die Verheißung der künftigen Unsterblichkeit.
Denn deinen Gläubigen, o Herr, wird das Leben gewandelt, nicht genommen.
Und wenn die Herberge der irdischen Pilgerschaft zerfällt,
ist uns im Himmel eine ewige Wohnung bereitet.

Darum singen wir mit den Engeln und Erzengeln, den Thronen und Mächten
und mit all den Scharen des himmlischen Heeres
den Hochgesang von deiner göttlichen Herrlichkeit.

können an das gewaltsame Töten denken, an die selbst- oder fremdverschuldete Krankheit zum Tod, an die psychischen Quälereien (von außen, aus dem eigenen Herzen) mit vernichtender Wirkung. Wir können einsehen, dass jemand durch ein schlechtes Leben in eine Sinnkrise gerät, aus der heraus er das Sterben als Schrecken in Ängsten erwartet. Wir können Depressionen nachfühlen, die einen Menschen ob seiner Sünde in die Selbsttötung treiben.

Die eigentliche todesüberwindende Botschaft der Bibel lautet: Die Zwangsverbindung zwischen Sünde und Todesschrecken, deren wir so oft ansichtig werden, ist seit der Auferweckung Jesu gelöst. Gottes Erbarmen ist größer als die scheinbare Allgewalt des bösen Todes. Man darf als Christ in Frieden sterben, weil dank der in Christus uns erwiesenen

Gottestreue der Tod Verwandlung in das Leben ohne Ende und Abstrich ist. Die Quintessenz des langen Kapitels 15 im ersten Korintherbrief ist auch das Resultat der Untersuchung der biblischen Todeslehre (1 Kor 15,52– 56.58):

> „Wir aber werden verwandelt werden. Denn dieses Vergängliche muss sich mit Unvergänglichkeit bekleiden und dieses Sterbliche mit Unsterblichkeit.
> Wenn sich aber dieses Vergängliche mit Unvergänglichkeit bekleidet und dieses Sterbliche mit Unsterblichkeit, dann erfüllt sich das Wort der Schrift:
> Verschlungen ist der Tod vom Sieg.
> Tod, wo ist dein Sieg?
> Tod, wo ist dein Stachel?"

Und der Apostel schließt aus der Ostererfahrung, die er damals vor Damaskus auf seine Weise gemacht hatte, mit der Mahnung, die allen Christen gilt:

> „Daher, geliebte Brüder, seid standhaft und unerschütterlich, nehmt immer eifriger am Werk des Herrn teil, und denkt daran, dass im Herrn eure Mühe nicht vergeblich ist."

Das Evangelium von der Totenauferweckung kraft der Todesüberwindung des Christus war ein wesentlicher Grund für die rasche Ausbreitung des christlichen Glaubens. Bei dessen ständiger Konfrontation mit dem je zeitgenössischen Denken und Erfahren wurde selbstverständlich auch und nicht an letzter Stelle diese Mitte meditiert, bedacht, entfaltet und veranschaulicht. Die besondere Aufmerksamkeit musste sich dabei auf die Einzelheiten des verheißenen nachtödlichen Lebens richten. Das Lebensende lag vergleichsweise klar vor den Augen der Glaubenden, aber wie stand es mit dem, was danach kam, mit dem Jenseits, mit den letzten Dingen des Menschen nach dem letzten Atemzug – das ist die Problemstellung, der wir uns nun zuwenden müssen. Sie wird relativ ausführlich behandelt: Nicht nur beschäftigt sie in ihrer mittelalterlichen Form noch jetzt viele Menschen; vor allem hat sie zahllose künstlerische Darstellungen bestimmt, die wir nur so verstehen können.

Weltgericht. Mosaik in Torcello, um 1100 (Ausschnitt). Die Darstellung der schrecklichen, in vielen Details ausgeschmückten Höllenqualen bezieht sich auf Texte wie die apokryphe Petrus-Apokalypse.

3. Jenseits des Todes
Die Ausfaltung der Auferstehungslehre in der christlichen Geschichte

Die Aufgabe

Es gibt dank der Gnade und Treue Gottes für die Menschen ein Leben auf der anderen Seite der unerbittlichen, durch Christi Auferstehung aber bereits prinzipiell durchlässig gewordenen Todesgrenze. Das ist die Aussage des Neuen Testamentes, die der Entfaltung, des besseren und genaueren Verstehens bedurfte. Es sind zwei wesentliche Probleme, die sich dabei stellten. Das eine ist die *Sache*, die zu verhandeln ist, das andere die *Sprache*, mit der diese Sache auf den Begriff und zur Vermittlung gebracht werden soll. Diese beiden Probleme stellen sich immer, wenn eine Wirklichkeit betrachtet wird, aber im Falle der Eschatologie sind sie komplizierter als sonst. Es geht um Dinge, die sich grundsätzlich unserer Anschauung, unserer Erfahrbarkeit und damit auch der Wiedergabe entziehen. Man kann nicht hoffen, dass wir eines Tages einmal so weit sein werden, doch noch über die Grenze zu lugen und das eine oder andere unbewaffneten Auges zu erspähen – so wie das bei vielen anderen derzeit rätselhaften Erscheinungen erwartbar ist. Unsere unmittelbare Anschauung ist auf den Bereich diesseits des Endes beschränkt. Das gilt selbst dann, wenn es eine von außen und oben kommende Offenbarung aus dem Jenseits gibt.

Damit erweist sich als drängendstes Problem die *Sprachfrage.* Denn auch die Offenbarung muss ja mitgeteilt werden – und das kann in keiner anderen Sprache geschehen als dem uns verfüglichen, d. h. von der empirischen Welt abgeleiteten, an ihr orientierten Ausdrucksinstrumentarium. Wie redet man, schlicht und einfach gefragt, von etwas, das laut Aussage der Heiligen Schrift „kein Auge gesehen und kein Ohr gehört hat" (vgl. 1 Kor 2,9)? Für die ersten christlichen

Generationen schien das Problem insofern gelöst, als sich ihnen damals eine ganze Sprachwelt der Jenseits-Rede anbot. Schon in der späten Zeit des Alten Testamentes hatte sich in Israel die Einsicht verbreitet, dass das Heil nicht mehr innerhalb, sondern von außerhalb der Geschichte zu erwarten sei, indem die Strukturen der Welt durch Katastrophen aller Art (Epidemien, Weltkriege, Hungersnöte, wirtschaftliche Zusammenbrüche) erschüttert und endlich aufgelöst würden. Erst danach werde Gott die Erlösung wirken. Es entstand eine ganze Literaturgattung, die Apokalyptik (griech. apokalyptein = *aufdecken, offenbaren*), die durch „Aufdeckung" der Endzeitgeschehnisse und „Offenbarung" des Jenseitsszenariums die Leser des nahen Untergangs versichern und ihnen dadurch Trost spenden wollte: Wer sich an die Anweisungen der oft große Namen der Vergangenheit annehmenden Verfasser hält, der wird gerettet. Innerhalb der biblischen Schriften hat diese Darstellungsform mit dem Buch Daniel und der (deswegen auch so geheißenen) Apokalypse des Johannes (auch „Geheime Offenbarung" genannt) Eingang gefunden. In farbigen Szenen und mit bewegenden Einzelheiten werden phantasievolle Schilderungen, heute würde man sagen: Reportagen der anderen Welt gegeben, die wegen der Autorität der (vorgeblichen) Verfasser gern und unbesehen wörtlich verstanden werden. Ihre Anschaulichkeit machte es später den Künstlern leicht, sie in Bilder oder Plastiken in den Kirchen oder den Stundenbüchern umzusetzen; da haben sie dann nachhaltig die Vorstellung der Christen vom Jenseits geformt.

Die Abbildung S. 47 gibt ein Beispiel: Das Detail aus dem Mosaik an der Rückwand der Basilika in Torcello, in der Lagune von Venedig, ist inspiriert von der sogenannten Petrus-Apokalypse, dem um 135 n. Chr. entstandenen ältesten nachbiblischen Zeugnis über das Ergehen des Menschen nach dem Tod. Einige Auszüge finden sich im Text S. 77. Noch Dante hat sich für seine „Divina Commedia" davon anregen lassen. Auch heute stellen sich viele Menschen Himmel und Hölle so vor, wie es die Apokalyptik vorgegeben hatte.

Die Sprache war also sehr wohl verfügbar, aber war sie auch geeignet, das auszudrücken, was die biblischen Schriften verkünden wollten? Sie möchten das durch Christus in die Welt gekommene Heil ansagen; unter anderem ist Inhalt des Evangeliums auch die Botschaft von der Auferweckung der Menschen. Diese ist, so hatte es Paulus den Korinthern geschrieben, die Konsequenz aus der Erweckung Christi, also eines Ereignisses, das seine Wurzeln in der Geschichte, im Leben und Erlösersterben Jesu hat. Damit ist der grundlegende Richtungssinn der Eschatologie genannt: Sie geht aus von der Lebens- und Glaubenserfahrung der Geschichte und entwirft daraus die Idee von der zukünftigen Welt, die als die Vollendung und Erfüllung der gegenwärtig schon in Gang gebrachten Zeit des Heiles ist. So lehren beispielsweise die Theologen, dass die Gottesgemeinschaft, die die ewige Seligkeit ausmacht, im Gnadengeschehen schon hier auf Erden angefangen hat. Diese Lehre ist auf keine bestimmte Sprachform, auf keine definierte literarische Gattung angewiesen, um sich verständlich zu machen; alle kann sie benutzen – unter vielen anderen also auch die apokalyptische. Angewiesen auf sie ist sie mitnichten.

Während Eschatologie also eine Lehre über das Jenseits ist, die aus der Gegenwart des Diesseits heraus Aussagen

	Eschatologie	Apokalyptik
Grundgestalt	Lehre	Literaturgattung
Ausgang	Gegenwart	Zukunft
Ziel	Erschließung des endgültigen Lebens in der absoluten Zukunft bei Gott	Erschließung der Existenz in der nahen Zukunft der Geschichte
Absicht	Hoffnung für die Zukunft	Trost für hier und heute

Der Unterschied zwischen Eschatologie und Apokalyptik

über die absolute, d. h. endgültig ewige Zukunft macht *(extrapoliert),* handelt es sich bei der Apokalyptik um eine Literaturform, die in der Weise der Aussage über die relative (innergeschichtliche) Zukunft die Gegenwart zum Zweck des Trostes der Verunsicherten deutet. Eschatologie ist, kurz gesagt, *Theologie*, Apokalyptik dagegen ist *Ausdrucksform.*

Verwechselt man beides, ergeben sich große Schwierigkeiten. Es besteht die Gefahr, dass bei Ablehnung der Gattung Apokalypse als angemessenen Ausdrucks für die Jenseitswirklichkeit auch die eschatologische Botschaft selbst, die Jenseitswelt also, abgelehnt wird. Ein moderner Mensch kann gewiss nicht mehr das Torcello-Mosaik als Reproduktion einer jenseitigen Geographie verstehen; dann wird er leicht geneigt sein zu meinen, es gebe überhaupt „Hölle" nicht mehr. Ein solcher Schluss ist natürlich schon rein logisch ein Fehlurteil. Er geht von der Qualität der Darstellung auf die Qualität der dargestellten Wirklichkeit. Wenn ein Dichter die Schönheit eines Sonnenaufganges beschreibt, ist die Wirklichkeit dieses Phänomens und sein Eindruck auf ihn zutreffend, auch wenn die Bezeichnung „Sonnenaufgang" im kopernikanischen Weltbild natürlich ein Unsinn ist; genau genommen geht die Erde auf. Die Frage der Existenz dessen, was die christliche Tradition als „Hölle" bezeichnet, entscheidet sich also nicht mit dem Zutreffen oder Nichtzutreffen der „Reportage" von der Hölle – das zu prüfen ist die eine Sache –, sondern an der inneren Logik, mit der aus dem Charakter der göttlichen Heilszusage ein ewiger Unheilszustand für den Menschen folgt oder nicht folgt. Diese zu überprüfen und auf den Begriff zu bringen, ist *von vornherein* jedwedes Mittel geeignet; ob es das auch *tatsächlich* ist, bedarf der Prüfung. Das bedeutet dann aber, dass in der Eschatologie Neuinterpretationen und Neuformulierungen nicht nur erlaubt, sondern (jedenfalls dann) erforderlich sind, wenn die Sprachbilder – etwa wegen der Änderung des Weltbildes – nicht mehr sachdienlich sind.

Damit stehen wir bereits bei der zweiten Frage: *Was ist*

„*Sache*" der Eschatologie? Die biblische Botschaft hatte die Ausgangsdaten vorgegeben: Der Mensch ist zwar todgeweiht, doch er vermag den Tod zu überwinden und in die Herrlichkeit Gottes zu gelangen, vorausgesetzt dass er deren würdig ist. Diese Aussage birgt zwei schwierige Probleme in sich. Das erste lautet: *Wer* exakt überwindet den Tod? Das ist die Frage nach dem Subjekt der Auferweckung. Das andere heißt: *Was* geschieht diesem Subjekt jenseits des Todes? Das ist die Frage nach dem (ewigen) Schicksal des Auferweckten. Unter dem Blickwinkel der sittlichen Verantwortung des Menschen ist dabei die Lebensführung des Verstorbenen in die Überlegungen einzubeziehen. Diese müssen, das sei noch einmal wiederholt, als eschatologische Überlegungen von den natürlichen wie religiösen Gegebenheiten ausgehen, die wir vorfinden.

Bezüglich der ersten Frage können sie wie folgt beschrieben werden: Wenn ein Mensch zu Tode kommt, dann geschieht eine Scheidung bisher ungeschiedener Sachverhalte. Beim Anblick eines Gestorbenen erfassen wir noch seine Leiblichkeit, aber etwas Entscheidendes fehlt – die Selbsttätigkeit der Organe, das Bewusstsein, die Entscheidungskraft: dafür hat sich der Begriff „Seele" eingebürgert. Dementsprechend sagen wir auch: *Er ist entseelt.* Der Körper, das wissen wir, wird ziemlich bald einem Verwesungsprozeß unterzogen, bis nach geraumer Zeit nichts mehr vorhanden von ihm ist. Wenn der Glaube festhält, dass die Auferweckung der Toten zu erwarten ist, gibt es theoretisch die Möglichkeit, dass sich dies auf den ganzen Menschen bezieht, dieser also vollkommen dem Tod anheimfällt und vollkommen aufersteht, oder aber nur auf einen Teil, wobei das mit Sicherheit vom Körper anzunehmen ist, weil er ganz bestimmt vergeht.

Hinsichtlich der zweiten Frage nach dem Schicksal des Auferstandenen legen sich prinzipiell mindestens drei Möglichkeiten nahe, entsprechend seiner sittlichen Qualität zu Lebzeiten. Er kann bei seinem Tod befunden werden

- als *vollkommen gut*: Dann winkte ihm die ewige Belohnung des Himmels;
- als *teils gut, teils böse*: Dann verdiente er weder den ewigen Lohn noch die ewige Strafe;
- als *vollkommen böse*: Dann war sein Schicksal die ewige Pein.

Weil die Auferweckung der Toten von der Erlösung durch Christus abhängig gemacht wurde, ergaben sich zwei Sonderklassen für die Menschen, die schuldlos davon ausgeschlossen blieben. Das waren einmal *die Gerechten* des Alten Bundes aus der Zeit vor dem Karfreitag wie Abraham oder Noach und die *frommen Heiden,* das waren zum anderen die *ungetauft sterbenden Kinder* – bei etwa 50% Säuglingssterblichkeit eine große Schar. In den Himmel konnten sie nicht kommen, da nicht erlöst, in der Hölle ließen sie sich wegen der Gerechtigkeit Gottes auch nicht unterbringen: Sie waren keiner Strafe würdig. Die Theologen der Frühscholastik dachten sich zwei Unterbringungsorte aus, die sie „Limbus" (lat. Rand oder Saum) nannten, den *Limbus patrum* für die Erwachsenen der ersten Gruppe, den *Limbus puerorum* für die Kinder. Dort entbehrten sie der Gottesschau und waren, so jedenfalls dachte man es sich anfangs, mit positiven Strafen („Sinnenstrafen") belegt. Das führte zur deutschen Übersetzung „Vorhölle". Im Lauf der Zeit neigte man zu größerer Milde. Die „Insassen" waren, so meinte man nun, von einer natürlichen Glückseligkeit erfüllt.

Damit ist die theoretische Ausgangslage geschildert, die die eschatologischen Daten veranlasst hatten. Wie geht es von diesem Startpunkt aus in den beiden Problemen weiter?

Das Subjekt der Unsterblichkeit

Das Denken des alten Israel, das mit Ausnahme einiger jüngerer Teile, der sogenannten Weisheitsliteratur, das Erste wie das Zweite Testament bestimmt hat, fasste den Menschen als

Einheit *(monistische Anthropologie)*. Dieser *ist* ganz Leib und *ist* ganz Geist. Wenn sich Bezeichnungen wie „Geist, Herz, Fleisch, Seele" finden, dann meinen sie stets Aspekte, Seiten des menschlichen Wesens, nie Bestandteile. Wenn also vom Leben des Menschen die Rede ist, bezieht sie sich immer auf diese Ganzheit. Mithin heißt *Auferstehung der Toten* Leben des Menschen in einer anderen Dimension zwar, aber eben doch in der Selbigkeit des Subjekts: *„Salomo lebt weiter."*

Anders ist das griechische Menschenbild. Es macht sich schon in den Weisheitsschriften des Alten Testamentes geltend, beherrscht aber ganz und gar die Vorstellung der Christenheit, seitdem die Kirche ihren Schwerpunkt von den Juden zu den „Heiden", also in den hellenistischen Kulturraum verlagert hatte. Der Mensch besteht demzufolge aus zwei Teilen: dem, da aus Materie bestehend, todverfallenen Leib, und der unsterblichen, weil geistigen Seele *(dualistische Anthropologie)*. Er *hat* also eine Seele, er *hat* einen Leib. Vom Menschen kann man somit genau genommen nur sprechen, wenn beide in Einheit zusammengehalten sind. Diese Einheit ist hierarchisch: Die Seele ist das eigentliche Menschliche. Genau diese Einheit aber löst sich im Tod auf. Das griechische Denken, soweit es von Platon beeinflusst ist, empfindet diesen Zerfall als außerordentlich glücklich. Die Seele war im Körper gefangen wie in einem Kerker; nun wird sie frei und kann die Seligkeit erlangen. Das *Subjekt der Unsterblichkeit* ist somit die Seele und nur sie: *„Die Seele des Perikles lebt weiter."*

Die Christen blieben der Bibel treu, sofern sie darauf pochten, dass der ganze Mensch der Auferstehung teilhaft werde. Das ist der Sinn der Schlussformel der beiden alten Glaubensbekenntnisse, die heute noch in der Liturgie gesprochen werden:

Ich glaube
… die Auferstehung der Toten und das ewige Leben.
(Apostolisches Glaubensbekenntnis)

Wir erwarten die Auferstehung der Toten
und das Leben der kommenden Welt.
(Großes Glaubensbekenntnis)

Der Kommentar dazu ist das Glaubensbekenntnis der
11. Kirchenversammlung zu Toledo von 675:

> So bekennen wir:
> Nach dem Vorbild unseres Hauptes (= Christus)
> wird die wahre Auferstehung des Fleisches aller Toten
> kommen.
> Wir glauben aber nicht,
> dass wir in einem luftförmigen oder irgendeinem anderen
> Leibe,
> wie manche irren, auferstehen werden,
> sondern in diesem da,
> in dem wir leben, bestehen und uns bewegen.

Die Kirche hält also gegen jede irgendwie spiritualisierte
Auferstehungsvorstellung an dem jenseitigen Leben des
ganzen Subjektes „Mensch" fest, eingeschlossen den Leib:
diesen da. Das ist der Mehrwert gegenüber der griechischen Spekulation. Zwei Gefahren aber zeichnen sich am
Horizont ab. Die erste Gefahr: Schon von der Anschauung
und erst recht vom Umwelteinfluss her nahm man doch
an, dass nach dem Tod des einzelnen erst einmal die Seele
weiterexistierte, während der Körper verweste. Die Abb.
S. 57 zeigt drastisch das Herausziehen der menschengestal-
tigen Seele aus dem Leib des Sterbenden durch einen Engel.
Wenn sie gewissermaßen als Mensch im Menschen erscheint,
fördert das unvermeidlich wieder die Idee von der Seele als
dem „eigentlichen" Individuum. Die zweite Gefahr: Die
Auferweckung der Leiber stellte man sich sehr handfest vor
– so wie es die Maler bis hin zum grandiosen Weltgericht an
der Altarwand der Sixtinischen Kapelle im Vatikan aus der
Meisterhand Michelangelos immer wieder der Vorstellungs-
kraft der Christinnen und Christen vor Augen stellten.

Das führte dann zu Überlegungen in ganz ernsthaften theologischen Büchern, die uns nur noch komisch vorkommen – was
am Besten zeigt, dass sie wenigstens als unangemessen zu

bezeichnen sind. Man fragte sich zum Beispiel, wie „dieser Leib
da" auferstehen solle, der von den Kannibalen verzehrt worden
war – was in den afrikanischen Missionen gelegentlich durchaus
vorgekommen sein soll. Er war ja eigentlich aufgenommen in
den Körper des Menschenfressers. Wurde also der Missionars-
schenkel am Jüngsten Tag aus dem Kannibalenschenkel, der er
indes geworden war, wieder herausgelöst? Andere Autoren fragen sich: Wie alt würden die Auferweckten sein – man stelle
sich die Säuglingsleichen und die toten Körper altersverzehrter
Menschen vor – und was passiert mit verunstalteten Körpern,
etwa dem eines Beinamputierten?

Aber viel folgenreicher war die Vorstellung von der leiblos
lebenden Seele. Was geschieht mit ihr in der Zeit zwischen
dem Ableben des Leibes und der Wiedervereinigung mit
ihm am Letzten Tag? Beim Versuch der Antwort schälten
sich drei Kernpunkte heraus, die übrigens mit bestimmten
Bibelstellen unterlegt wurden:
– Durch die fortexistierende Seele ist die Identität des Toten
    mit dem Lebenden gewährleistet; das ist eindeutig gegen
    die Griechen gerichtet und entspricht der Grundaussage
    der christlichen Botschaft;
– die Toten haben bereits vor der endlichen Scheidung die
    Hoffnung auf Gemeinschaft mit Christus (vgl. z. B. Röm
    14,8; 1 Thess 5,10);
– darum muss es einen Warte- und Zwischenzustand geben,
    der vom individuellen Tod bis zur allgemeinen Toten-
    erweckung am Geschichtsende dauert; man berief sich
    auf die Lazaruserzählung Lk 16, 19–31 und auf Offb
    6,9–11.
Vor allem beim letzten Kernpunkt ergaben sich spätestens
in dem Augenblick erhebliche Probleme, als sich seit dem
14. Jahrhundert die kirchliche Überzeugung durchsetzte
(später kommen wir darauf zurück), die abgeschiedenen
Seelen würden sofort ihrem ewigen Schicksal überliefert,
seien also im Himmel (eventuell nach Abbüßen der Feg-
feuerstrafen: auch darüber unten mehr) oder in der Hölle,
mithin unendlich selig oder unendlich verworfen. Aber was

Tod des Gerechten. Lunette aus dem Kloster Allerheiligen in Schaff-
hausen, 12. Jh. – Im Augenblick des Todes trennen sich Leib und Seele:
Der Engel umfängt die Seele in Gestalt eines haarlosen Kopfes aus dem
Mund des Sterbenden.

sollte dann noch die Leibvereinigung bedeuten? Entweder
bedarf die Seele des Leibes notwendig, dann kann sie noch
nicht unendlich glücklich oder unglücklich, also gar nicht
tatsächlich in Himmel bzw. Hölle sein. Oder aber sie ist
wirklich schon im endgültigen Zustand von Heil oder
Unheil, dann ist die Wiedervereinigung mit dem Körper im
Grund überflüssig oder nebensächlich. Diese Annahme
wurde wieder mächtig gefördert durch die Kunst: Man
malte die Seelen als Himmels- und Höllenbewohner gern in
Gestalt nackter Körper (so wie der Schaffhausener Engel die
Seele in Empfang nimmt, s. oben). Der physische Leib, so
wurden Assoziationen geweckt, ist dann vielleicht nur so
wie ein Gewand – es ist schön und nützlich, doch gehört es
nicht zum unveräußerlichen Wesen eines Menschen, kann
notfalls fehlen.

Eine wichtige Weichenstellung für die Christenheit bringt
im 13. Jahrhundert *Thomas von Aquin.* Er ist nicht mehr
(allein) von Platon, sondern vor (allem) von Aristoteles
beeinflusst. Dieser große griechische Denker hatte gelehrt,

dass alle Gegenstände aus dem physischen Material und einem dieses zum einzelnen Gegenstand machenden Prinzip bestehen. Das erste nannte er *Materie,* das zweite *Form.* Wenn man beispielshalber einen Goldbarren hat und diesem den Prägestempel aufdrückt, wird daraus eine bestimmte Münze. Der italienische Theologe übertrug diese Idee auf den Menschen: Der Körper ist die Materie, die durch die formende Seele zu einem *Menschen,* zu *diesem* Individuum wird. Der entscheidende Gedanke lautet: „Die Seele ist die Form des Leibes" *(anima forma corporis).* Und weil Leib und Seele „Prinzipien" sind, besteht der Mensch nicht mehr wie bei den Griechen aus zwei Teilen, die dann wie zusammengesetzt (bei der Zeugung) so auch (beim Ableben) getrennt werden können, sondern aus zwei Aspekten, unter denen er betrachtet werden muss: aus den irdischen Möglichkeiten namens „Leib" und dem individuellen personalen Wesen namens „Seele". Beide sind nun nicht mehr schadlos trennbar; geschieht dies trotzdem, zerbricht das, was „Mensch" heißt und ist.

Der Tod ist dann das *Ende des Subjektes.* „Ein toter Mensch ist kein Mensch", formulierte es *Albert der Große,* des Thomas Lehrer. Allerdings unterlag der Aquinate dann doch wieder dem Einfluss Platons, sobald er nicht mehr anthropolologisch, sondern eschatologisch dachte: Zwar zerbricht das Menschsein, aber nur der Leib vergeht, die Seele lebt weiter. Das ist (mit aristotelischer Brille) zwar widernatürlich, aber trotzdem (Platons Brille auf der Nase) ist sie selig, so dass der Letzte Tag eben doch wieder nur das eigentlich überflüssige „Seelengewand" hinzuliefert. So antwortet auch Thomas auf die Frage nach dem Subjekt des Jenseitsschicksals, wenn man nicht locker lässt: Die Seele, eigentlich.

Noch ein weiteres Problem verbindet sich mit diesen Vorstellungen. Es nagt am Fundament des Christentums selber. Wenn tatsächlich der Mensch von Natur aus einen unsterblichen Aspekt – sei er nun gedacht als Prinzip oder als

Bestandteil – besitzt, wieso kann dann die Heilige Schrift behaupten, die Auferweckung der Toten sei eine Tat und Gnade Gottes? Sie ist doch selbstverständlich mit dem Menschsein bereits gegeben! Das hatten die alten Theologen nicht sagen wollen. Immer lag ihnen daran zu erklären: Gott schafft Leib wie Seele; beides ist also ganz und gar und so wie es ist (einschließlich der unsterblichen Seele) ihm allein verdankt. Der Hinter-Grund der ganzen Eschatologie ist, wie im ersten Kapitel gezeigt worden ist, die Theologie der Schöpfung und die sich daraus ergebende Lehre vom Menschen: Weil Gott aus und in Liebe den Menschen als sein Abbild ins Dasein ruft, ist er von diesem Wollen und von sonst nichts her unzerstörbar.

Immerhin, so ganz deutlich ist das nicht jederzeit gewesen. Man kann daher verstehen, dass das den Reformatoren des 16. Jahrhunderts eigene Bestehen auf der Allein- und Allwirksamkeit Gottes gegen die herkömmliche Subjektslehre der Eschatologie Protest erhob. Im 20. Jahrhundert hat sich daraus die verbreitete Theorie vom „Ganztod" des Menschen bei vielen Lutheranern und Reformierten entwickelt. Demnach stirbt der Mensch bei seinem Tod vollkommen und absolut. Fragt man also jetzt nach dem Subjekt des nachtodlichen Lebens, bekommt man gesagt: Da gibt es keines. Wer gestorben ist, ist tot, d. h. nicht mehr existent. Doch wie kann man dann die Auferweckung der Toten laut Glaubensbekenntnis festhalten? Gott, lautet die Antwort, schafft in der Totenerweckung am Jüngsten Tag ein vollkommen neues Subjekt. Aber wie lässt sich dann sagen: *Ich* werde von den Toten erweckt, also dieses Individuum, das einmal gelebt hat? Weil Gott treu ist und deine Identität über deine Nichtung hinaus trägt und in einem abermaligen Schöpfungsakt ins Dasein bringt. So nun die Erwiderung.

Die katholische Theologie sieht zwar die innere Zielrichtung dieses Ansatzes, die sie bejaht: Die christliche Botschaft handelt nicht von der Unsterblichkeit der Seele, sondern von der Auferweckung der Toten durch Gott. Sie wendet jedoch ein: Aus genau diesem Grund, dass die Toten ins Leben mit Gott gerufen werden, folgt mit innerer Logik, dass eine Selbigkeit des (der irdischen Welt) Gestorbenen mit dem (jenseits des Todes) Lebenden existieren muss. Ferner ist zu bedenken: Wenn im Tod wirklich der Mensch vernichtet würde bis zu einer Neuschöpfung bei der Vollendung, würde dann sich Gott nicht doch als untreu erweisen und seine Liebe für *diesen,* in der Welt *heute* existierenden Menschen widerrufen? Dann aber bricht der Hinter-Grund aller Auferweckungstheologie in sich zusammen.

Aus den Ausweglosigkeiten und Haken der bisherigen Versuche, das Subjekt des jenseitigen Lebens und der Auferweckung durch Gott zu bestimmen, hat sich in der Gegenwart eine neue Antwort entwickelt, auf die in Kapitel 4 eingegangen werden soll.

Das Schicksal des fortlebenden Subjektes

Wie immer das Problem gelöst wird, *wer* weiterlebt: Eigentlich interessant ist für die Praxis und den Lebensentwurf der Mensch, *was* mit dem fortlebenden Subjekt *passiert.* Da dem Menschen tief eingeprägt ist, dass er ein sittlich verantwortetes Leben zu führen hat und dass es eine ausgleichende Gerechtigkeit geben muss, soll nicht die Verantwortung einer leere und folgenlose Phrase sein, ist in allen Eschatologien aller religiösen Systeme der erste Schritt zur Lösung des Schicksals-Problems die Annahme eines *Gerichtes.* Es muss geklärt und klar sein, ob das verstorbene Individuum zu den ganz Guten, den ganz Schlechten oder den Halbguten (oder: Halbschlechten) zu rechnen ist.

Auch die Heilige Schrift setzt ein Gericht voraus. Zwei Grundforderungen muss sich der Mensch da stellen, die der Gottesliebe und der Nächstenliebe, dem doppelt-einen Grundgebot des Christentums entsprechen. Erstere zeigt sich im Glauben und in der Lebensausrichtung an Christus.

Wirkungsgeschichtlich bedeutungsvoll wird Jesu Wort aus dem Johannesevangelium: „Amen, amen, ich sage euch: wer mein Wort hört und dem glaubt, der mich gesandt hat, hat das ewige Leben; er kommt nicht ins Gericht, sondern ist aus dem Tod ins Leben hinübergegangen" (Joh 5,24; vgl. auch die weiteren Verse bis 30). Die Menschenliebe als Gerichtsmaßstab erscheint in der dramatischen Schilderung Mt 25,31–46 vom Weltgericht. Die gesamte Menschheit wird erschöpfend in zwei Gruppen, in die guten Schafe und die bösen Böcke, aufgeteilt. Wie man Christus in seinen „geringsten Brüdern" behandelt hat, entscheidet die Plazierung und damit das Schicksal: „Und sie (die Böcke) werden weggehen und die ewige Strafe erhalten, die Gerechten aber das ewige Leben" (V. 46).

Die beiden Texte verraten nicht nur die Kriterien des Gerichtes, sie sagen zugleich, was nach dem Urteil folgt. Doch beim genauen Lesen fällt auf: Sie reimen sich nicht. Bei Johannes werden nur die Bösen (und Halbguten) dem Gericht unterworfen, die Guten gehen ohne Umweg in die Seligkeit ein. Bei Matthäus jedoch haben sich alle Menschen der Erhebung des Richters zu stellen (vgl. die Abb. S. 62). Weil aber die griechische Leib-Seele-Doppeltheit in den Evangelien noch außer Betracht bleibt, ist das Gericht nur einmal zusammengerufen, am Ende der irdischen Tage. Was bis dorthin mit den Toten geschieht, kümmert die Verfasser nicht. Sie meinten bekanntlich, dass die Wiederkunft des Herrn unmittelbar vor der Tür steht, also gar nicht mehr viele Leute vor diesem Ereignis, welches die Tage beendet, den Tod schauen müssen.

Als sich diese Spekulation als falsch herausstellte, tauchte unvermeidlich die Vorstellung vom *Zwischenzustand* auf. Sie musste erklären, was in der Zeit vom Hinscheiden eines Menschen und der darin erfolgenden Trennung von Leib und Seele bis zur Vereinigung beider am Ende der Tage sich ereignete. Dass ab diesem Zeitpunkt, also nach dem Jüngsten Tag, die Guten im Himmel zu ewiger Seligkeit, die Bösen in

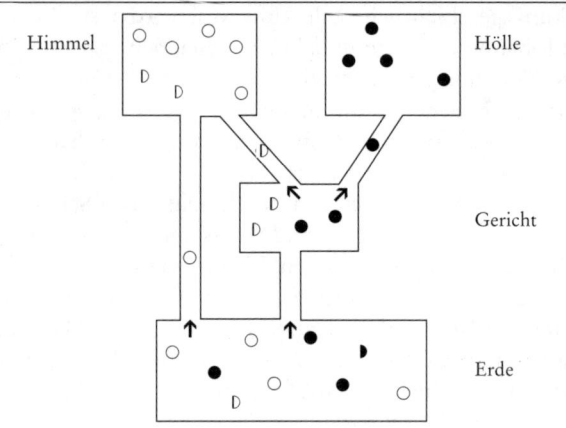

Das Jenseitsschicksal nach dem Johannesevangelium.
Nach dem Tod kommen die ganz Guten unmittelbar in den Himmel. Alle anderen müssen sich dem Weltgericht stellen. Die Bösen
gelangen in die Hölle, die Halbguten/Halbbösen in den Himmel.

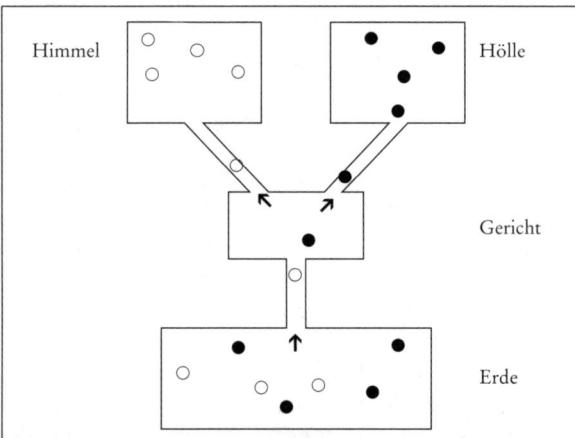

Das Jenseitsschicksal nach dem Matthäusevangelium.
Am Jüngsten Tag scheidet das Weltgericht die Bösen von den Guten.
Diese gelangen in die ewige Seligkeit, die Bösen in die ewige Höl-
lenpein.

○ ganz Gute   Ɗ Halbgute   ● ganz Böse   ◗ Halbböse

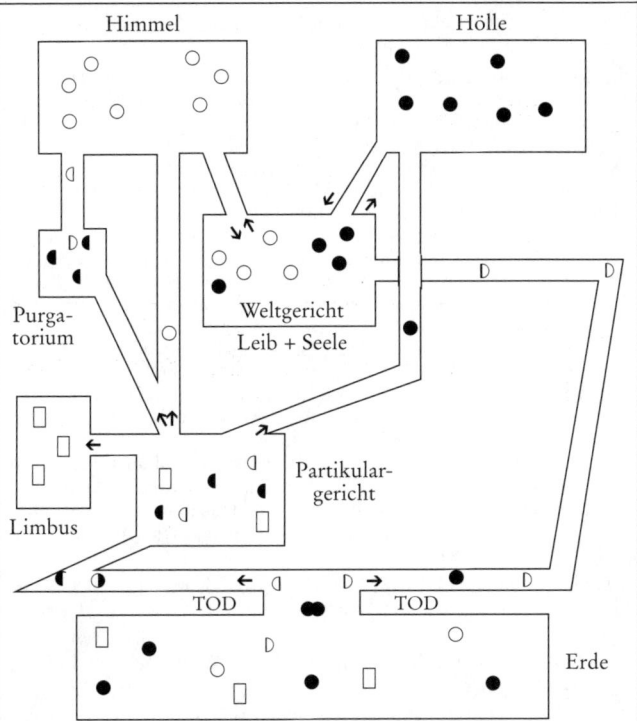

Die mittelalterliche Jenseitstopographie.
Mit dem Tod erfolgt die Trennung von Leib und Seele. Ersterer verwest und wird beim Weltgericht am Jüngsten Tag mit der Seele wieder vereinigt. Diese muss sich dem Partikulargericht unterziehen. Die ungetauft verstorbenen Kinder und die frommen Heiden kommen in den Limbus. Die anderen Seelen nehmen einen der drei verbleibenden Ausgänge: Die ganz Guten dürfen den zum Himmel, die ganz Bösen müssen den in die Hölle, die Halbguten/Halbbösen den Ausgang zum Purgatorium durchschreiten. Dieses hat einen Ausgang, der in den Himmel führt. Am Ende der Zeiten findet das Weltgericht statt, zu dem sich die Seelen (aus Himmel oder Hölle) und die dazugehörenden, aus der Verwesung erweckten und mit der Seele wiedervereinigten Leiber versammeln. Nach dem Gericht kommt der ganze Mensch unwiderruflich an den Endort, in dem schon die Seele bisher weilte, also Himmel oder Hölle. Hier existieren keine Ausgänge mehr.

Papst Benedikt XII.: Seligkeit und Verdammnis beginnen unmittelbar nach dem Tod des Individuums.

Im 13. Jahrhundert erfolgt eine Neuorientierung der Vorstellungen vom Wartestand zwischen Tod und Weltende. In der Alten Kirche nahm man einen Totenschlaf an; nur die Märtyrer, später andere Gerechte lebten weiter. Jetzt stellt man sich eine unmittelbare Verbringung der Seelen an den Endort, eventuell mit dem Umweg über das Purgatorium, vor. Als 1331/32 Papst Johannes XXII. einige Predigten hielt, die noch die alte Auffassung propagierten, kommt es zum Eklat. Der Papst widerruft vor dem Ableben seine Thesen. Benedikt XII., sein unmittelbarer Nachfolger, lässt die anstehenden Probleme untersuchen und erklärt 1336 in der Konstitution „Benedictus Deus": Die Seligkeit bzw. die Verdammnis tritt sofort nach dem Tod ein. Damit wird ein zusammenhängender Ablauf des Jenseitsschicksals vom Tod bis zur endgültigen Vollendung geboten. Allerdings ist in dieser Hypothese nicht mehr recht einsichtig, was eigentlich die Auferstehung des Leibes noch für eine Bedeutung haben soll: Die Seele hat doch bereits den nicht mehr korrigierbaren „Lohn" für ihre irdischen Taten erhalten.

Die Lehrentscheidung ist eines der wichtigsten und ausführlichsten Dokumente der römisch-katholischen Kirchenleitung zu eschatologischen Fragestellungen überhaupt. Sie ist lange Zeit in unkritischer Rezeption maßgeblich geblieben. Die wesentlichen Passagen seien daher wiedergegeben.

Quelle: J. Neuner-H. Roos, Der Glaube der Kirche in den Urkunden der Lehrverkündigung, Regensburg [13]1992, Nr. 901–905 (in Auszügen).

Die Seelen aller Heiligen, die aus dieser Welt vor dem Leiden unseres Herrn Jesus Christus hinweggegangen sind, und (die Seelen) der heiligen Apostel, Märtyrer, Bekenner, Jungfrauen und der anderen Gläubigen, die nach Empfang der heiligen Taufe gestorben sind und in denen beim Tode nichts zu reinigen war oder nichts zu reinigen sein wird oder die nach dem Tode gereinigt worden sind, wenn etwas in ihnen damals zu reinigen war oder in Zukunft sein wird, und die Seelen der Kinder, die durch dieselbe Taufe Christi schon wiedergeboren sind oder die jemals getauft werden, wenn sie nach der Taufe vor dem Gebrauch des freien Willens sterben: (diese also) waren, sind und werden sein im Himmel und im Paradies sofort nach ihrem Tod oder nach der Reinigung – wie oben gesagt – bei jenen, die einer solchen Reinigung bedurften, und zwar auch vor der Wiedervereinigung mit ihrem Leib und vor dem allgemeinen Gericht, nach der Auffahrt unseres Heilandes Jesus Christus, unseres Herrn, in den Himmel.

Und nach dem Leiden und Tod unseres Herrn Jesus Christus schauten und schauen sie die göttliche Wesenheit in unmittelbarer Schau und auch von Angesicht zu Angesicht, ohne Vermittlung eines Geschöpfes, das dabei irgendwie Gegenstand der Schau wäre ...

Hat aber einmal diese unmittelbare Schau von Angesicht zu Angesicht und dieser Genuß in ihnen begonnen oder werden sie beginnen, so besteht diese Schau und dieser Genuß fort ohne Unterbrechung oder Minderung dieses Schauens und Genießens und wird fortdauern bis zum Endgericht und von da an bis in Ewigkeit.

Ferner bestimmen Wir: Wie Gott allgemein angeordnet hat, steigen die Seelen derer, die in einer tatsächlichen schweren Sünde verschieden, sofort in die Hölle hinab, wo sie von höllischen Qualen gepeinigt werden. Aber trotzdem werden am Tage des Gerichtes alle Menschen vor dem Richterstuhl Christi in ihrem Leibe erscheinen und Rechenschaft geben über ihre eigenen Taten, damit jeder sein Entgelt empfange für das, was er bei Lebzeiten getan hat (2 Kor 5,10).

der Hölle zu ewiger Verdammnis sein würden, war Allgemeinlehre. Zwei Fragen ergaben sich automatisch. *Die erste* möchte wissen, was eigentlich der Wartestand und wer darin befindlich ist: Der ganze Mensch mit Leib und Seele, nur der Leib oder nur die Seele? Die Theologen der ersten Jahrhunderte, die Kirchenväter, hatten im allgemeinen die Ansicht vertreten, dass die Toten, so wie sie waren, in einem Schlafzustand bis zum letzten Tag ruhen. Nur die Gerechten, vor allem die Blutzeugen, befinden sich schon jetzt in den „Vorhallen" oder „Vorhöfen" des Himmels. Jedenfalls beginnt das endgültige und eigentliche Jenseitsschicksal erst mit dem Weltgericht. Die Hochscholastik formulierte dann eine andere Vorstellung. Es befriedigte die religiösen Vorstellungen nicht mehr, dass die Toten (vorerst) wirklich tot und nicht mehr ansprechbar waren. So wird der Wartestand sozusagen verlebendigt: Nach einem individuellen Gericht mit entsprechender Scheidung von Guten und Bösen treten die Seelen sofort in den Endzustand ein (vgl. den Text S. 64 f. und die Abb. S. 66).

Szene aus der Legende der hl. Katharina von Alexandrien: Die Ver-
brennung der Philosophen vor Kaiser Maxentius. Tafel um 1440, vielleicht aus Konstanz. – Vor dem Herrscher und seinen Räten werden die
Philosophen dem Feuer überantwortet, die von der Heiligen bekehrt
worden waren. Ihre Seelen tragen im oberen Bildrand zwei Engel
Christus (oder Gottvater) entgegen: Sie gelangen unmittelbar, ohne den
Umweg des Purgatoriums, in die Gottesschau.

Damit war schon *die zweite Frage* da: Was passiert mit den Menschen, die beim Ableben weder der einen noch der anderen Gruppe zuzuordnen waren? Da waren zum einen die ungetauft verstorbenen Kinder und frommen Heiden. Für sie wird, wie wir wissen, ein eigener Jenseitsort, der sogenannte „Limbus", konstruiert. Zum anderen waren das die Halbguten/Halbbösen. Sie verdienten nicht die ewige Verdammnis, aber auch (noch) nicht die ewige Seligkeit. Die Lösung lag in einem Reinigungsort, dem *Purgatorium oder Fegfeuer*. Dort wurden die mittelmäßigen Seelen harten Strafen unterworfen, die aber dennoch einen frohstimmenden Grundgehalt hatten: Man entging ihnen irgendwann einmal ganz gewiss. Denn neben dem Eingang gibt es einen Ausgang, den Himmel und Hölle nicht besitzen. Waren alle Unvollkommenheiten geläutert, öffnete sich das Tor nach oben, in den Himmel. Am Schluss verblieben also nur mehr zwei Formen des Jenseitsschicksals.

Übergehen wir die einzelnen Stadien der Entwicklung, so steht am Ende eine sehr komplizierte Jenseitslandschaft vor uns. Die Abb. S. 63 bietet ein Schema. Wir können folgende Phasen unterscheiden:

1. Tod eines Individuums: Trennung von Leib und Seele. Der Leib bleibt auf Erden zurück, verwest und harrt der Vereinigung mit der ihm zugeordneten Seele am Jüngsten Tag.

2. Partikulargericht: Die einzelne Seele wird entsprechend ihren Taten auf Erden beurteilt. Vier Ausgänge sind da, deren einer genommen werden muss. Sie führen in

   – den Limbus: Dorthin verfügen sich die Seelen der ungetauft abgeschiedenen Kinder und die frommen Heiden.

   – das Purgatorium: Das ist der vorläufige Aufenthaltsort der Halbguten/Halbbösen. Es besitzt für die Seelen einen Ausgang Richtung Himmel. Am Ende der Zeit ist es leer.

3. Das Jüngste Gericht oder Weltgericht: Die Leiber der Toten erstehen aus den Gräbern und vereinen sich mit den dazugehörigen Seelen. Die Endrechenschaft vor dem Weltenrichter Christus bestätigt noch einmal, was im Partikulargericht bereits erkannt war.
4. Ewige Vollendung: Für immer und ewig leben die auferweckten Menschen entweder in der Seligkeit des Himmels oder in den Qualen der höllischen Verdammnis. Beide Male gibt es keinen Ausgang mehr.

Die Orte des Jenseitsschicksals

Die Vorstellungen vom Schicksal nach dem Tode konnten sich in ihren Grundzügen auf die Aussagen der Bibel, vor allem auf jene Christi und des Apostels Paulus berufen. Schon ihnen kam es nicht darauf an, eine Jenseitsschilderung zu geben, sondern eine *Paränese* zu halten: Sie wollen zu einem evangeliumsgemäßen Leben aufrufen (griech. paraineo *ermahnen*), zur Nachfolge Christi als der Voraussetzung des endzeitlich-ewigen Heiles, das der eigentliche Zweck der Verkündigung Jesu und seiner Schüler gewesen war. So ist zwar die *Froh*botschaft immer auch *Droh*botschaft, aber diese steht im Dienst der Grundabsicht: die Liebe und Treue Gottes zu seinen Geschöpfen anzusagen, die sich selbst über die Todesgrenze hinaus erstreckt.

Das Neue Testament spricht also von den Schrecken am Ende der Geschichte (Mk 13,3–37), von der Unerbittlichkeit der Rechenschaftsablage vor dem Weltenrichter (Mt 25,31–46), von en Qualen der Hölle (Lk 16,19–3), aber auch von der herrlichen Schönheit des Himmels, von der neuen Stadt Jerusalem, dem neuen Himmel und der neuen Erde (Offb 21,1–22,5). In keinem einzigen Fall handelt es sich um eine Reportage von „Drüben", sondern um einen Appell an die Existenz der Hörerinnen und Hörer:

Diese Karte entnahm ich dem Buch:

Zum Lesen bzw. zum Kauf wurde ich angeregt durch:

- ☐ Prospekt
- ☐ Anzeige
- ☐ Buchbesprechung
- ☐ Schaufenster
- ☐ Empfehlung im Buchhandel
- ☐ Empfehlung von Bekannten
- ☐ Geschenk

(Zutreffendes bitte ankreuzen)

Meine Meinung zu diesem Buch:

Verlagsgemeinschaft Topos plus

Das Programm von Topos plus bietet Ihnen:

aktuelle Themen

religiöse Sachbücher

Lebenshilfe

Spiritualität

Biographien

Mitglieder der Verlagsgemeinschaft Topos plus:

Butzon & Bercker, Kevelaer
Don Bosco Verlag, München
Echter Verlag, Würzburg
Lahn-Verlag, Limburg
Matthias-Grünewald-Verlag, Mainz
Paulusverlag, Freiburg (CH)
Verlag Friedrich Pustet, Regensburg
Verlag Styria, Graz-Wien-Köln
Verlagsanstalt Tyrolia, Innsbruck-Wien

Topos plus

„Seid also wachsam!
Denn ihr wißt nicht, wann der Hausherr kommt,
ob am Abend oder um Mitternacht,
ob beim Hahnenschrei oder erst am Morgen.
Er soll euch, wenn er plötzlich kommt,
nicht schlafend antreffen.
Was ich aber euch sage, das sage ich allen:
Seid wachsam!" (Mk 13,35–37)

Alles in allem sind die biblischen Texte, deren wichtigste wir angegeben haben, sehr nüchtern und sparsam in den Farben, die dem Endzeitgemälde gegeben werden. Das hat die Christen später nicht mehr befriedigt. Zum einen plagte sie ganz einfach die Neugier, mehr über die geheimnisvolle Welt zu erfahren, die auf sie wartet, zum anderen, so meinten vor allem die Prediger, konnte eine etwas kräftigere Ausmalung des Jenseits der pädagogischen Wirksamkeit nicht schaden. Weil die Bibel da wenig hergab, bediente man sich der zahlreichen Jenseitsvisionen, die schon etwa seit der Mitte des 2. Jahrhunderts in Umlauf kamen; wie es damals gang und gäbe war, unter dem Namen großer Persönlichkeiten der Vergangenheit, z. B. der Apostel Petrus und Paulus (vgl. den Text S. 77). Als Gregor der Große, einer der wirkungsgeschichtlich einflussreichsten Päpste des christlichen Altertums, im vierten Buch seiner „Dialoge" Jenseitsreisen beschrieb, war diese Literaturgattung ein für alle Male christlich sanktioniert. Selbstverständlich bedienten sich derartige Werke des allgemein er- und anerkannten Weltbildes, das dreistöckig war. Oben ist der Himmel, wo Gott und die Seligen thronen, in der Mitte unsere Erde, darunter befinden sich die höllischen Abgründe. Später kam, Wand an Wand mit der Hölle befindlich, das Fegfeuer, die Läuterung, hinzu. Die einzelnen Jenseitsbereiche stellte man sich als riesige Behältnisse, als Ort vor, in denen die Seelen bzw. nach dem Endgericht die mit ihnen wiedervereinten Leiber, also die vom Tode auferweckten Menschen ihren Lohn bekamen. Vom Limbus einmal abgesehen, in dem die Insassen ein natürliches Glück erfuhren, gab es drei solcher Orte.

1. Das Purgatorium

Es ist der Ort, an den die Christen mittlerer Qualität, die meisten also wohl, vorübergehend gelangen. In der Heiligen Schrift gibt es keinen eigentlichen Beleg für eine eigene Reinigungsinstanz, sehr wohl aber für die Notwendigkeit, in die Gottesgemeinschaft ohne Fehl und Makel einzugehen. So spricht Paulus einmal von einer Offenlegung des Lebenswerkes am Ende. „Das Feuer wird prüfen, was das Werk eines jeden taugt. Hält das stand, was er aufgebaut hat, so empfängt er Lohn. Brennt es nieder, dann muss er den Verlust tragen. Er selbst aber wird gerettet werden, doch so wie durch Feuer hindurch" (1 Kor 3,13–15). Erst Augustinus legt die eigentlichen Fundamente des Purgatorium, schon einmal durch die Beistellung der Begrifflichkeit. Er spricht von dem Läuterungszwang im Jenseits und gebraucht die Worte „Reinigungsstrafen" (poenae purgatoriae) und „Reinigungsqualen" (tormenta purgatoriae) und kennt ein eigenes „Reinigungsfeuer" (ignis purgatorius). In die deutsche Sprache ging vor allem das letzte Wort ein als „Fegfeuer". Dabei muss man sich bewusst sein: „Fegen" bedeutet ursprünglich nichts anderes als eben „reinigen" – womit auch immer.

Aus dem Bild des Paulus war nun eine Realität geworden. Lebhaft wird die Pein jener „Armen Seelen" in der Folgezeit erzählt, die schmerzhaft ihre Erdenschuld abbüßen mussten – manchmal schienen ihre Qualen schlimmer als die der Verdammten in der Hölle. Immerhin hatten sie Hoffnung: Eines Tages würden sie den Ausgang des Reinigungsbehältnisses durchschreiten – er führte für immer in die Seligkeit des Himmels.

Diese Hoffnung wurde aber auch noch dadurch gestärkt, dass die Erdenbewohner ihr schlimmes Los lindern konnten, indem sie Gebete und Almosen, vor allem aber die geistlichen Früchte des Meßopfers den Armen Seelen zuwendeten (Abb. S. 71). Sie waren *arm* nicht allein wegen der

Miniatur zum Totenoffiz aus einem französischen Stundenbuch des Coëtivy-Meisters (um 1460). – Im Innern eines Gotteshauses wird in Anwesenheit des Sarges eine Totenmesse gefeiert. Im Chorgestühl bitten drei Männer in Kapuzen für den Toten; ein Bedürftiger bekommt am Kirchenausgang ein Almosen. Als Folge davon werden zwei Seelen (als nackte Männer dargestellt) aus dem Purgatorium erlöst, das im Erdinnern, direkt unter der Kirche, gelegen ist.

Feuerschmerzen, sondern mehr noch, weil sie anders als die Lebenden nicht mehr selber die angeführten übernatürlichen Bußmittel einsetzen konnten. Diese mussten es für sie tun. So entwickelte sich ein wahres Arsenal an Zuwendungen an die Toten, aber auch eine Kette von Vorsorgeaktionen der Lebenden für den Fall der Läuterung. Gebetsbünde, Stiftungen und Schenkungen entstanden, die den Schatz im Himmel bereiten (vgl. Mt 19,16–24), als Werke der Nächstenliebe auf Erden jedoch auch den Sozialfällen der damaligen Zeit zugute kommen sollten. So entstand das „Seelgerät", der Vorrat für die eigene Seele, um dem Fegfeuer zu entgehen. Es konnte übrigens auch eingesetzt werden für Werke der Kunst und Kultur im Zusammenhang mit der Kirche, so dass die herrlichen Kirchenbauten und Kirchengeräte des Mittelalters sich teilweise den eschatologischen Anschauungen verdanken (Text S. 73).

Eine besondere Bedeutung kam dem *Ablass* zu. Diese in der römisch-katholischen Kirche noch zur Stunde existierende Praxis geht von der Überlegung aus, dass eine böse Tat Schuld *und* Schuldfolgen nach sich zieht. Die Sündenvergebung durch Gott im Bußsakrament tilgt also zwar die Schuld, aber noch nicht selbsttätig die Folgen: Sie müssen mühsam aufgearbeitet werden. Dabei hilft die Kirche dem Büßenden, indem sie den Sündern, so lesen wir im kirchlichen Rechtsbuch von 1983 (Can. 992 CIC), „den Schatz der Sühneleistungen Christi und der Heiligen … zuwendet". Das kann im Blick auf die Lebenden, aber ebenso auf die Verstorbenen im Purgatorium geschehen. Durch bestimmte Leistungen, z. B. Geld, Messstipendien oder durch bezahlte Messen an bestimmten („privilegierten") Altären ließen sich vor allem in den Anschauungen des Spätmittelalters auf sichere Weise die Armen Seelen aus dem Fegfeuer „herausbeten" (Abb. S. 74). Missstände blieben nicht aus. In flächendeckender Kampagne wurden Ablässe verkündet, die namhafte Geldsummen erbrachten.

Das Seelgerät des Andreas Weger aus St. Pölten (481).

Quelle: P. Jezler (Hg.), Himmel, Hölle, Fegefeuer. Das Jenseits im Mittelalter, München ²1994, 23.25.
© Schweizerisches Landesmuseum, Zürich.

Der Erblasser bedenkt folgende Institutionen und Personen in seinem Testament:

(1) Friedhofskapelle St. Leonhard: 1 ewige Seelenmesse für 1000 ungar. Gulden, 100 Pfund Pfennige für Altarzierden, 6 Silberbecher à 4 Mark für Kelch und Patene, Grundbesitz für die Beleuchtung der Seelmesse, 5 ungar. Gulden für die Herstellung eines Altarretabels.

(2) Chorherrenstift: Hof mit Zubehör für eine Jahrzeit, die am achten Tag nach Allerheiligen zu halten ist (mit genauen liturgischen Vorschriften), 60 Pfennige, die gleichentags an die Armen verteilt werden, 2 Silberbecher und 10 Stück welscher Leinwand für Chorröcke zur ordentlichen Abhaltung der Jahrzeit.

(3) Pfarrkirche zu Unserer Lieben Frau: 100 Pfund Pfennig an die Orgel.

(4) Franziskaner: Für die Abhaltung von 1000 Messen nach dem Tod Wegers übergibt er ihnen: 100 Pfund Pfennig an ein Altarretabel, die gleiche Summe zur Eindeckung des Dormitors und Refektors mit Ziegeln, die gleiche Summe nochmals in eine Kapitalertragsstiftung für das Ewige Licht am Barbara-Altar des Klosters.

(5) Messrer Zeche: Eine Wiese vor dem Kremstor, damit sie jährlich nach dem Sonntag von Mariae Himmelfahrt eine gesungene Vigil, ein Seelamt und 5 gesprochene Messen lesen läßt (mit Beleuchtung und einem Almosen von 60 Pfund Pfennig für die Armen).

(6) Lederer Zeche: Zwei Gärten und eine Wiese für eine gesungene Vigil, ein Seelamt und drei gesprochene Messen am Sonntag der Fastenwoche. Dazu ein Almosen von 60 Pfund Pfennig für die Armen.

(7) Arme Leute: 4 ganze böhmische Tücher.

INDVLGENZA
PER LIBERARE L'ANIME
dal Purgatorio.

A Santita di Nostro Sig. Gregorio, per diuina prouidenza Papa De-
cimo terzo, per suffragio dell'anime,
che sono in Purgatorio, quale aiuta-
te dalla diuina gratia, piu facilmête se
ne vadino alla celeste patria, ha côces-
so per Breue particolare, nella Chiesa
Cathedrale di Bologna sua diletta, Che l'Altar del Cru
cifisso posto nel Confessio di detta Chiesa Cathedrale, sia
per lo auenire talmente priuilegiato, che ogni volta, che
qual si voglia Sacerdote secolare, o regolare in nome
suo, o d'altri, celebrara Messa su detto Altare per l'anima di chi si voglia fedele, che sia morto in gremio di S.
Chiesa, possi per modo di suffragio, quáto piacera alla
diuina bonta, liberare quella anima dalle pene del purgatorio, z côseguisca le istesse gratie, come se celebrasse al
l'altare di S. Gregorio in Roma deputato a questo.
    Et acioche tutti quelli, che vogliono preualersi di que
sto spirituale tesoro per liberatione dell'anime de suoi,
possino piu cômodamente farlo, si e dato buon ordine
in detta Cathedrale, accio ogn'uno possi restare sodis-
fatto.

                                    Lud. Nutius Secret.

        In Bologna per Alessandro Benacci.   1575.

„Ablass zur Befreiung der Seelen aus dem Fegfeuer" (Flugblatt aus
Bologna, 1575). Im Jahr 1575, also bald zwei Menschenalter nach der
Reformation, verlieh Gregor XIII. dem Altar der Confessio in der
Kathedrale von Bologna einen Ablass: „Jedesmal, wenn ein Priester …
an diesem Altar für eine gläubige Seele eine Messe liest …, kann er auf
dem Weg der Fürbitte und, wenn es Gott gefällt, diese Seele von den
Qualen des Fegfeuers befreien, und er empfängt dieselben Gnaden, wie
wenn er am Altar des hl. Gregor in Rom zelebrieren würde. …"

Im Zuge des Erneuerungsprogramms spielten für den deutschen Reformator Martin Luther das Purgatorium und alle damit sich verbindenden Bräuche die Rolle des Anlasses zu seinem nicht beabsichtigten, aber sich schließlich ergebenden Bruches mit der alten Kirche. Er lehnte die Existenz eines Reinigungsortes als nicht biblisch begründet ab. Nach ihm kommen die Seelen der Abgeschiedenen sofort an ihren endgültigen Ewigkeitsort ohne Umweg. Da nach seiner Lehre von der Rechtfertigung des Sünders Gott den Menschen aus Gnaden allein rettet, bedarf es keiner Leistungen und Werke. Auch die anderen Reformatoren sind in diesem Punkt der Meinung Luthers. Zwingli verspottete das Fegfeuer als „Milchkuh des Papstes".

2. Die Hölle

Sie ist der Strafort der Menschen, die mit einer schweren Schuld ohne Reue und Bußsakrament gestorben sind, sowie, nach mittelalterlicher Theorie, aller Nichtchristen. Nach den ersten drei Evangelien hat Jesus sowohl von der Hölle wie vom Höllenfeuer als auch von der Ewigkeit der Strafe gesprochen (z. B. Mt 5,22; 10,28; 25,41; Mk 9,47 f.; Lk 12,5). Im Johannesevangelium kommt sie faktisch nicht vor. Insgesamt sind sich die Exegeten heute einig: Die Höllenrede der Predigt Jesu ist ein Randmoment seiner Verkündigung, die und sofern sie die Freiheitstat des Menschen voraussetzt, einschließlich der damit gegebenen Möglichkeit, Gott radikal abzulehnen. In den nichtevangelischen Texten kommt der Hölle lediglich in der Offenbarung des Johannes Bedeutung zu – sie ist bekanntlich in der apokalyptischen Sprache verfasst, die von der Drastik der Katastrophenrede lebte. Paulus übergeht die Thematik.

Um so lebhafter wird sie in der Kirche später aufgegriffen. Es wurde bereits auf die Apokalypse des Petrus hingewiesen. Auf S. 77 findet sich eine kleine Kostprobe aus diesem Pamphlet. Phantasien der Rache, sadistische Träume, unaufgearbeitete

Schuldgefühle, die Angst vor dem allgegenwärtigen Bösen, nicht einmal an letzter Stelle auch pervertierte Sexualvorstellungen – alles dies spielt ebenso wie die Drastik bemühter Prediger bei den Szenarios vom Strafort (meist unterhalb der Erde plaziert) mit. H. Vorgrimler hat in seinem fast 500 Seiten starken Buch „Geschichte der Hölle" (München 1993) erschütternde Zeugnisse gesammelt. Da ist beispielsweise „Caspar Erhard's der heiligen Schrift Doktor und weiland Pfarrer zu Paar in Bayern, Christliches Hausbuch", erstmals 1724, zuletzt 1858 in 21. Auflage mit kaiserlicher und kirchlicher Druckerlaubnis herausgegeben. Es ist gewiss einer der grauenhaftesten Ergüsse dieser Art von Literatur. Nicht nur, dass dahinter eine pathologische Phantasie steckt, noch übler ist die Gottesvorstellung, die Theologie also dieses Autors. Wo Gott einen mit einer schweren Sünde beim Gericht erwischt, übergibt er ihn dem Teufel und läßt ihn „ewiglich auf das grausamste peinigen, martern und strafen" (Erhard 59, zit. Vorgrimler 277). Es genügt schon, dass Christen an einem verbotenen Tag Fleisch gegessen haben: „Anstatt der Speise und des Trankes läßt sie der erzürnte Gott mit Schlangen speisen, und mit Gift und Galle tränken. Ja, er läßt ihnen von den Teufeln ganze Becher voll brennenden Peches und Schwefel, Gift und Galle, geschmolzenes Erz und Blei so grausam eingießen, dass ihr ganzes Eingeweide mit Bitterkeit und Hitze erfüllt wird" (a.a.O. 578, Vorgrimler 281). Der Vater Jesu Christi wird hier kaum noch sichtbar werden können. Weil die Kunst in beinahe allen ihren Sparten, vor allem die Malerei und die Dichtung, diese Phantasmagorien in fassliche und eingängige Form umsetzte, übten sie eine unverhältnismäßig große Wirkung aus, die freilich nicht nur zum guten Leben anleiten, sondern auch Neurosen heraufbeschwören konnte. „Die Hölle lebt weiter bei Kindern und Jugendlichen", ist der letzte Abschnitt der Dokumentation des Münsteraner Dogmatikers betitelt (Vorgrimler 428–441).

Demgegenüber erhoben sich nur wenige Stimmen, die von der biblischen Grundlehre der göttlichen Barmherzigkeit und der Kraft der Erlösungstat Christi für eine Milderung der Höllenlehre plädierten. Am nachhaltigsten für die kommende Theologiegeschichte hat dies Origenes getan, ein Theologe der ersten Hälfte des 3. Jahrhunderts. Unter Verwendung eines in der Apostelgeschichte (3,21) begegnenden Begriffs spricht er von der *Apokatastasis*. Darunter versteht er die am Ende erfolgende Wiederherstellung der ganzen

Apokalypse des Petrus (um 155 n. Chr. vermutlich in Alexandrien entstanden). Sie ist das älteste Zeugnis einer Jenseitsbeschreibung aus nachneutestamentlicher Zeit. Lange Zeit galt sie als echte Schrift des Apostels. Vor allem Rigoristen suchten mit den abartigen Schilderungen die Moralvorstellungen nicht nur der zehn Gebote, sondern auch ihre eigenen durchzusetzen. Künstler setzten die Worte gern in Bilder um (vgl. Abb. 47).

Quelle: E. Hennecke – W. Schneemelcher, Neutestamentliche Apokryphen in deutscher Übersetzung, Band II, Tübingen 1964, 468–483 insgesamt, hier Auszüge 475–480.

Und siehe wiederum ein Ort: Da ist eine große volle Grube. Darin die, welche verleugnet haben die Gerechtigkeit. Und Strafengel suchten (sie) heim, und hier in ihr zünden sie das Feuer ihrer Strafe an. Und wiederum zwei Weiber: Man hängt sie an ihren Nacken und Haaren auf, in die Grube wirft man sie. Das sind die, welche sich Haarflechten gemacht haben nicht zur Schaffung des Schönen, sondern um sich zur Hurerei zu wenden, damit sie fingen Männerseelen zum Verderben. Und die Männer, die sich mit ihnen zur Hurerei niedergelegt haben, hängt man an ihren Schenkeln in diesen brennenden Ort und sie sagen untereinander: „Wir haben nicht gewußt, daß wir in die ewige Pein kommen müßten."
…
   Und bei denen, die hier waren, andere Männer und Weiber, die kauen ihre Zunge, und man quält sie mit glühenden Eisen und verbrennt ihre Augen. Das sind die Lästerer und Zweifler an meiner Gerechtigkeit. …
   Und an einem anderen Ort dabei wirft man mit Ausscheidungen Gesättigte, Männer und Weiber, hinein bis an die Knie. Das sind die, welche leihen und Zins nehmen. …

Schöpfung, eingeschlossen Sünder, Verdammte und Dämonen. Auf dem 5. Ökumenischen Konzil zu Konstantinopel (553) wurde diese Lehre verurteilt; doch dieser Spruch hat die Problematik nicht gelöst. Im Übrigen dürfte Origenes seine Theorie nicht als Glaubenssatz, sondern als Überlegung, als Ausdruck universaler Hoffnung aufgrund der Güte und Treue des Schöpfer- und Erlösergottes verstanden haben. In diesem Sinne vertreten die Apokatastasis auch in unseren Tagen viele Theologen, darunter auch der berühmte Schweizer Kardinal *Hans Urs von Balthasar*.

3. Der Himmel

Wohl den meisten Menschen im christlichen Kulturkreis fallen ohne Mühe Höllenvorstellungen ein; mit einer Beschreibung des Himmels dürften sie sich schwer tun. Er ist der Ort der Seligen, das unendlich überhöhte Paradies, die Wohnung Gottes, Raum niemals endender Herrlichkeit – alles große, aber auch vage Worte, unter denen wir uns, sind wir ehrlich, nur wenig vorstellen. So sehnen sich nur wenige Menschen tatsächlich nach dem Himmel. Dabei ist er nach Paulus unsere Heimat (Phil 3,29: griech. politeuma), also der Ort, wo wir eigentlich hingehören, an dem unsere Wurzeln liegen.

In vielen Bildern, die sich erst auf dem zeitgenössischen Hintergrund ganz erschließen (Mahl, Hochzeit, Stadt, Paradies), wird im Neuen Testament der Himmel gezeichnet als Gottesherrschaft, ewiges Leben, Gemeinschaft mit Christus und allen seinen Heiligen. Er ist der Lohn für die Guten. Mit begeisterten Worten beschreibt die Johannesoffenbarung ihn als Gegenwart des Gottesglanzes und der Gottesmajestät (Offb 4,2–11).

Unter dem Einfluss des Platonismus stellten ihn sich die späteren Theologen vornehmlich als beseligende Gottesschau *(visio beatifica)* vor – ein bisschen sehr intellektuell und abstrakt, wie es wohl für Mönche und Wissenschaftler beseligend sein mag, aber doch weniger für die anderen Menschen. Denn sie ist eine rein geistige Vision, bei der allenfalls die Seele, kaum der Leib befriedigt werden kann.

Immerhin ist das Objekt klar: „Mögen nun die Seligen nur mit dem Geiste oder, als mit doppelter Stola Bekleidete, mit beidem, Körper und Geist, ausgestattet, zur höchsten Erhöhung ihrer Seligkeit mit beiderlei Augen Gott schauen, fest steht, dass sie ihn mit unverhülltem Antlitz sehen werden, wie er ist, dass sie sich in ihm und über ihn freuen werden und dass sie ihn von Ewigkeit zu Ewigkeit loben werden." So schreibt der Bischof und Kirchenhistoriker Otto von Freising († 1158) am Schluss seiner „Chronica sive historia de duabus civitatibus" (Chronik oder Geschichte der beiden Staaten). Da Gott aber, wie das 4. Laterankonzil 1215 definierte, „unfassbar" und „unermesslich" ist, würde kein Geschöpf je an ein Ende mit der Gottesschau gelangen; immer wieder neu und Neues offenbarend zeigte er sich. Vielleicht am schönsten ist die aus dieser Sicht erwachsene Himmelsschau Dantes im Schlussgesang der „Göttlichen Komödie" (S. 80).

Diese Himmelsvorstellung setzt die Kunst in Bilder um, die von einer erhabenen Größe und statischen Ordnung geprägt sind (Abb. S. 82). Sehr oft ist der Ort der Seligkeit in konzentrischen Kreisen gebildet: In der Mitte steht Gott, umgeben von Sphären, in denen die Engel, die Heiligen, die guten Menschen ihn loben und ehren.

Die Franziskanertheologen des 13. Jahrhunderts protestierten gegen diesen Jenseitsintellektualismus. Nach Bonaventura († 1274) ist der Himmel nicht nur Erkennen und Verstehen, sondern „Genuss" *(fruitio):* Dazu zählt er auch Haben und Sehen, Jubeln und Danken, vor allem aber das Lieben. Himmel ist auch Schönheit. „Der Sohn selbst ist Schönheit. … Wie groß wird die Schönheit in jener Stadt sein, wo der Sohn, welcher die ewige Kunst von allem ist, in dem von Ewigkeit her alle Gründe und Ideen für alles in der Zeit Geschaffene sind, sich darbietet und sich in den seligen Geistern darstellt", so schreibt er in einer Besinnung zum Allerheiligenfest (Sermones de sanctis: Opera Omnia, ed. Coll. S. Bonaventura IX, 601). Vor allem sind es die Mystiker, die in hymnischen Worten die Pracht und Glückseligkeit des Himmels schildern.

In der Renaissance-Kunst sieht man die entsprechenden Darstellungen: Der Himmel erscheint jetzt zweigeteilt; im einen Teil thront die Dreieinigkeit, im anderen ergehen sich die Seligen in einer idealen Paradieseslandschaft oder tanzen einen bewegten Reigen. Oft wird dargestellt, wie sich die früher verstorbenen Menschen begegnen und ihre Liebe und Freundschaft erneuern. Gelegentlich finden sich auch erotisierende Momente. Im katholischen Barock wird schließlich die Herrlichkeit des Himmels in ganzer Sinnenhaftigkeit entfaltet.

Dante Alighieri, Divina Commedia, Paradiso, Cant. XXXIII, 55–132 (in Auszügen). Übersetzung: Karl Vossler, Dante Alighieri, Die göttliche Komödie, München 1969, 522–525.

In der um 1320 vollendeten „Beschreibung" der Jenseitswanderung in seinem 35. Lebensjahr gelangt der Dichter über Hölle und Purgatorium ins dritte Jenseitsreich, das Paradies. Seine Führerin ist die Jugendgeliebte Beatrice. Im Schlussgesang trifft er den hl. Bernhard von Clairvaux, die Gottesmutter Maria – und er hat eine Gottesvision. Sie ist die genaue Wiedergabe der scholastischen Himmels-Theologie mit dem Zentrum in der „visio beatifica", der beseligenden Schau Gottes.

Allmählich klärte sich mir mein Gesicht
und arbeitet den Strahlen sich entgegen
zum hohen Licht, dem Wahren in sich selbst.
Und in der Folge wuchs mein Schauen so,
daß unser Wort versagt und das Gedächtnis
dem Übermaß der Bilder unterliegt.
…
Der heilige Lichtstrahl, dem ich standhielt, hätte
mit seiner Schärfe, glaub ich, mich zerstört,
hätt' ich die Augen von ihm abgewandt.
Und ich erinnre mich, wie um so kühner
ich dann das Licht ertrug, bis endlich sich
mein Schauen dem Unendlichen verband.
Du überreiche Gnade gabst mir Mut,
ins ewige Licht den Blick so tief zu senken,
daß mir das Schaun gelang – bis zur Erschöpfung.
In seiner Tiefe sah ich innerlich
in einem Liebesbunde, was sich draußen
im Universum auseinanderfaltet.
Substanz und Akzidens und ihr Verhalten
gleichsam in eines dergestalt verschmolzen,
daß, was ich sage, nur ein blasser Schein ist.
Die Grundform dieser Allverbindung, glaub ich,
hab ich geschaut; und schon es auszusprechen
erweitert freudig mir – ich fühl's – die Brust.
Ein Augenblick der Abkehr ist mir länger
als zweieinhalb Jahrtausend Todesschlaf.
…
Deshalb verharrte regungslos und straff
gespannt in seiner Schau mein Geist, und mehr
und immer mehr entzündet ihn dies Schauen.
Von diesem Licht werden wir so gefangen,

> daß wir hinweg von ihm nach etwas andrem
> mit gutem Willen nimmermehr uns kehrten!
> Dieweil das Gute, unseres Willens Ziel,
> sich all in diesem Lichte trifft. Was hier
> vollkommen ist, wird draußen fehlerhaft.

Die Bilanz eines der besten Kenner der Spiritualität lautet:
„In der Beschreibung des Himmels ist das Mittelalter eher
verhalten geblieben, ganz anders als in der Höllenbeschrei-
bung, bei welcher sich die Realistik zu unausdenklichen
Torturen und grausamsten Quälereien steigerte. Die Beschreibung des Himmels in gleicher Weise ‚realistisch‘ zu
steigern, musste ohne Wirkung bleiben, denn dabei wäre
nur ein noch massiveres Diesseits herausgekommen"
(A. Angenendt, Geschichte der Religiosität im Mittelalter,
Darmstadt 1997, 750).

Die Kunst des Sterbens als Jenseits-vorbereitung

Die Aussichten auf das Jenseits, die seit dem Neuen Testament mit immer größerer Intensität, aber auch mit immer
ausschweifenderer Phantasie von Theologen, Mystikern und
Künstlern erschlossen wurden, mochten, wie ganz deutlich
ersichtlich bei den Höllenvorstellungen, nicht mehr sein als
Projektionen höchst weltlicher An- und Einsichten von
Glück und Unglück in ein überirdisches Maß, Hochrech-
nungen guter wie böser Erfahrungen in dieser Welt. Ihren
Zweck, die Menschen auf das Ende vorzubereiten, und zwar
nicht erst im letzten Stündlein, sondern lebenslang, haben
sie gewiss erreicht. Der Komplex „Tod" gewann dadurch
gewissermaßen seine dritte Dimension. Er war nicht nur der
Sünde Sold und der Endpunkt der irdischen Existenz, sondern auch Übergang zu Gott. Wer sein Leben so verantwortlich gegenüber dem Gottesgesetz führte, dass er als

Oberrheinischer Meister, Die Krönung Mariae durch die Dreieinigkeit,
2. Hälfte 15. Jh. (Inv. Nr. 473).
Öffentliche Kunstsammlung Basel, Kunstmuseum.
Maria wird von der Heiligsten Dreifaltigkeit im Himmel gekrönt.
In konzentrischen Kreisen gliedern sich darum die Chöre der Engel
und verschiedene Gruppen von Heiligen. In den Ecken die Sym-
bole der vier Evangelisten. Unten steht die Stifterfamilie in betender
Haltung. – Der Himmel wird entsprechend der hochscholastischen
Theologie als geordnete, statische Wirklichkeit mit Gott im Zentrum
aufgefasst.

Höllen- und, wenn möglich, Purgatoriums-Anwärter ausschied, hatte alle Aussicht auf unendliches, ewiges, unbeschreibliches Glück. Dem Sterben kam nun ein hoffnungs- und trostreicher Aspekt zu. Das Leben in aller Gefährdung und Bewährung erschien als Einübung in den Tod; dieser wurde zur Höchst- und Letzttat des Lebens. Die Geheimnishaftigkeit des Lebens und das Mysterium des Sterbens stellten sich als das Dunkel-Verfügte der einen Liebe Gottes heraus, der nicht den Tod des Sünders will, sondern dass er lebe.

Die christliche Frühzeit bis ins Mittelalter hinein entwickelt eine eigene Literaturgattung, der ein Buch Johannes Gersons den Namen gegeben hatte, die „ars moriendi", die Kunst des Sterbens. Diese Kunst galt aber nicht zuerst als Vorkehrung vor dem Unvermeidlichen, sondern vor allem anderen als Lebenskunst. Wo sie beherrscht wird, ließ der Tod sich sogar, wie es Franziskus von Assisi im „Sonnengesang" getan hatte, als „Bruder Tod" begrüßen, der lebenslang Gefährte sein konnte. Bilderzyklen entstanden, gewöhnlich aus 11 Darstellungen bestehend, die den einfachen Leuten diese hohe Kunst beibringen wollten.

Wohl das bedeutendste literarische Werk aus diesem Denkhorizont ist die weitverbreitete Schrift des Saazer Stadtschreibers Johannes von Tepl, „Der Ackermann und der Tod", 1401 oder bald danach entstanden. Anlass war der Tod seiner Frau Margaretha, die bei der Geburt eines Kindes 1400 gestorben war. Es handelt sich um ein Zwiegespräch zwischen Autor und Tod. Der „Ackermann" klagt ihn nach allen Regeln der Rechtskunst ob seiner unendlichen Grausamkeit an, muss aber im Lauf des Dialogs einsehen, dass der Tod zum Leben und der Weltordnung dazugehört. Aber er lernt auch: Mächtig zwar ist der Tod, mächtiger aber und des Todes Herr ist der Herr-Gott, der auch des „Ackermanns" Geschick in Güte leitet (Text S. 84 und Abb. S. 85).

Die hier zu Tage tretende Gelassenheit und Ergebung ist allerdings nur die eine Seite des Wirkungskomplexes der Jenseitsvorstellungen und der Jenseitsverkündigung. Die andere ist die abgrundtiefe Angst, die sie im Abendland hervorrief. Sie kann uns noch in diesen Tagen begegnen: Auf die kreatürliche Todesangst ihrer Zuhörer packten die Prediger gern und zuweilen mit einem nur psychologisch zu

Johannes von Tepl, Der Ackermann und der Tod. Übertragung von Felix Genzmer (= Reclam Universalbibliothek 7666), Stuttgart 1997, 65. – Kap. 33: Das Urteil Gottes.

Nach dem erbitterten Streitgespräch zwischen dem Verfasser, der im Schmerz um den Verlust seiner Ehefrau aufschreit, und dem personifizierten Tod ergreift im vorletzten Kapitel 33 Gott selbst das Wort. Daran schließt sich noch ein ergreifendes Gebet für die Verstorbene als letztes Kapitel 34 an. Gott spricht:

Der Lenz, der Sommer, der Herbst und der Winter, die vier Beleber und Erhalter des Jahres, die wurden uneins in großem Streit. Ihrer jeder rühmte sich seines guten Willens in Regen, Winden, Donner, Schauern und in allerlei Ungewittern, und jeder wollte in seinem Wirken der Beste sein. ...

Ebenso tut ihr beide. Der Kläger klagt seinen Verlust ein, als ob der sein Erbgut wäre; er bedenkt nicht, dass es von Uns verliehen war. Der Tod rühmet sich eigener Herrschgewalt, die er doch allein von Uns zu Lehen empfangen hat. Jener klagt ein, was nicht sein ist; dieser rühmet sich seiner Herrschaft, die er nicht aus sich selber hat. Jedoch ist der Streit nicht ganz unbegründet. Ihr habt beide gut gefochten: den zwingt sein Leid zu klagen, diesen der Angriff des Klägers, die Wahrheit zu sagen. Darum Kläger, habe Ehre! Tod, habe Sieg! Jeder Mensch ist pflichtig, dem Tod das Leben, den Leib der Erde, die Seele Uns zu geben.

erklärenden Sadismus die Furcht vor Fegefeuer und Hölle, vor Satan und Hexen, vor Untoten und Wiedergängern, die die ewige Ruhe nicht finden durften.

„Findet nicht das Gefühl der Unsicherheit, selbst nahe verwandt mit der Angst vor der Verlassenheit, seinen Ausdruck in den unzähligen Darstellungen des Jüngsten Gerichts und den Beschwörungen der Hölle, die die Phantasie der Maler, Prediger, Theologen und anderer Autoren der ‚Artes moriendi‘ heimgesucht haben? Hat sich nicht Luther aus Furcht vor dem ewigen Fegefeuer in seine Lehre von der Rechtfertigung durch den Glauben geflüchtet? Die Themen Aggression, Unsicherheit und Verlassenheit sind unvermeidlich mit dem Tod verbunden. Folglich war letzterer wie eine Zwangsvorstellung in den Bildern und Texten der Europäer an der Schwelle zur Neuzeit allgegenwärtig, in den Totentänzen genauso wie im ‚Triumph des Todes‘ von Breughel, in den ‚Essais‘ von Montaigne wie im Theater von Shakespeare, in den Gedichten von Ronsard wie in

Albrecht Pfister, Johannes von Saaz, Ackermann von Böhmen, um 1460,
© Herzog August Bibliothek, Wolfenbüttel. Der Holzschnitt zeigt das
bittere Plädoyer des „Ackermannes" gegen den Tod im Angesicht Gottes und seiner Engel. Der Text S. 84 gibt das Endurteil Gottes wieder.

den Hexenprozessen". Das ist die Zusammenfassung des besten Kenners der kollektiven Ängste des späten Mittelalters und der frühen Neuzeit – und hier finden sich die wesentlichen Stichworte, die unsere Kultur bleibend und mit Folgen bis heute mitgeformt haben (Jean Delumeau, Angst im Abendland. Die Geschichte kollektiver Ängste im Europa des 14.–18. Jahrhunderts, 2 Bde., Reinbek 1985, Zitat: I, 36 f.). Sterben war tatsächlich eine hohe, kaum zu beherrschende Kunst.

Jenseits-Verwandlung

Wer den Streifzug durch die Geschichte der Jenseitsvorstellungen bis hierher mitgegangen ist, hat sicherlich bemerkt, dass er kaum je die Schwelle vom Mittelalter zur Neuzeit überschritten hat. Das ist weder Unachtsamkeit noch Zufall. Die eschatologischen Vorstellungen haben sich etwa bis zum Ausgang des Mittelalters stetig entwickelt, dann aber wurden sie nur noch so überliefert, wie sie die scholastischen Theologen geformt hatten. Das „eschatologische Bureau", so hat es der evangelische Theologe Ernst Troeltsch († 1923) formuliert, hatte geschlossen.

Der allgemein gegen die Religion von Ludwig Feuerbach erhobene Vorwurf, sie sei lediglich die Übertragung irdischer Verhältnisse und Probleme ins Überirdische, schien, wenn überhaupt irgendwo, bezüglich der Jenseitsideen zuzutreffen; das mussten wir oben selber zur Kenntnis nehmen. War die Hölle nicht bloß eine Art Super-KZ oder Mega-Gulag, der Himmel eine Hyperfestlichkeit mit verschiedenen Abteilungen der Belustigung?

Die Eschatologie jedenfalls wurde zu einem Rand- und Abseitsgebiet der mehr und mehr selber Randdisziplin werdenden Theologie. Außer den Adepten des Jenseits interessierte sie kaum mehr jemanden, hatte sie fast keinem Menschen mehr etwas zu sagen. Das lag nicht an letzter Stelle auch daran, dass inzwischen der Tod eine völlig andere Position im Leben eingenommen hatte. Dass wir mitten im

Leben von ihm umfangen sind, wollte man nicht mehr wahrnehmen. Der Kult von Jugend und Schönheit, der für das 20. Jahrhundert kennzeichnend ist, wie noch immer die Werbung beweist, ließ die Erinnerung an das mit dem Sterben fast stets verknüpfte Versagen und Verfallen nicht mehr zu. Der Tod wird von Haus und Wohnung des Ablebenden in die Anonymität der Sterbezimmer unserer Spitäler abgeschoben. War er früher öffentlich, wenigstens in der Öffentlichkeit der eigenen Familie, so ist er heute Ereignis letzter Einsamkeit. Oft weigern sich Angehörige, dem Sterbenden beizustehen. Galt es einst als Gnade, sich eingehend auf den Tod vorzubereiten und das Sterben – man möchte sagen: – zu zelebrieren, so gilt das heute als Unglück. Der mittelalterliche Mensch betete, wie heute in der Allerheiligenlitanei noch steht, Gott möge ihn vor jähem und unversehenem Tode schützen; der Zeitgenosse betet, wenn er denn noch betet, haargenau um ein so beschaffenes Ende. Zum wiederholten Male zeigt sich der Zusammenhang von Sexualität und Tod. Ehedem verbarg man alles, was mit dem Lebensbeginn zu tun hatte, unter dem Mantel des Schweigens, konnte aber unbefangen vom Ende reden; jetzt lassen wir uns die Tabuisierung des Todes einiges kosten, haben aber vor der Entblößung der Sexualität keine Scheu mehr. An die Stelle der Obszönität des Lebens ist die Obszönität des Todes getreten.

Er wird also verdrängt, wird zum verbotenen Objekt, zum unverletzbaren Tabu. Wo das nicht geht, versucht man eine neue Jenseits-Ideologie zu errichten, die allerdings nicht mehr wirklich die Todeslinie überschreiten macht. Statt Unsterblichkeit ersehnt der moderne Mensch den Nachruhm, statt Weiterleben die Fortexistenz der Revolution, statt absolute Zukunft günstige Prognosen der Futurologie.

Die traditionelle kirchliche Lehre von den „Letzten Dingen" ist von ihrem ganzen Wesen und ihrer Art her nicht in der Lage, die Bedeutung von Tod und Jenseits ins zeitgenössische Bewusstsein zurückzurufen. Sie war von Anfang an bestimmt durch Bilder und Vergleiche, durch eine archaische Sprache; ihre Konstruktionspunkte waren nur in einem Weltbild verständlich, das sich als überholt herausgestellt hatte und daher die mit seiner Hilfe ausgedrückten Themen und Thesen unglaubwürdig werden ließ. Im Zuge und Rahmen der Erneuerung der christlichen Theologie vom Ende des 19. Jahrhunderts an öffnete das „eschatologische Bureau" seine Schalter wieder – und musste sehr schnell Überstunden machen (Hans Urs von Balthasar). Der Aufbruch begann in der evangelischen Theologie; in der Mitte des 20. Jahrhunderts zog die katholische Eschatologie nach. Auch das ist eine Frucht des ökumenischen Gespräches gewesen.

Man begann sich langsam, aber konsequent den Bildern als solchen zu stellen und zugleich deren bleibenden Sachgehalt zu erheben. Gelöst von den weltbildlichen Klammern, zeigte sich unter neuen Gesichtspunkten und besser als zuvor der Erfahrung des Menschen von heute erschließbar die Fruchtbarkeit der christlichen Jenseitslehre (vgl. unten). Unbeschadet der gerade auf diesem Gebiet, in dem so vieles spekulativ allein zu erkennen ist, besonders lebhaften Debatten und Kontroversen unter den Fachleuten zeigen sich gemeinsam verantwortete Konturen einer zeitgerechten und gleichzeitig sachgemäßen, d. h. den Daten der christlichen Offenbarungsquellen entsprechenden Lehre von der nachtodlichen Wirklichkeit. Sie sollen nun entwickelt werden.

Zweites Vatikanisches Konzil, Pastorale Konstitution „Gaudium et Spes", Nr. 18: *Das Geheimnis des Todes.*

Das Zweite Vatikanische Konzil (1962–1965) kommt ausführlich in zwei Dokumenten auf eschatologische Fragen zu sprechen. In der Dogmatischen Konstitution über die Kirche „Lumen gentium" hat das 7. Kapitel die Überschrift „Der endzeitliche Charakter der pilgernden Kirche und ihre Einheit mit der himmlischen Kirche" (Nr. 48–51). Die Sprache ist von den Bildern der Heiligen Schrift getränkt. Die Pastorale Konstitution, das andere Dokument, ist dagegen das Ergebnis der Forderung Johannes' XXIII. nach zeitgerechter Diktion und entsprechendem Denken (aggiornamento). Ein eigener Absatz spricht die eschatologische Grundproblematik an.

Angesichts des Todes wird das Rätsel des menschlichen Daseins am größten. Der Mensch erfährt nicht nur den Schmerz und den fortschreitenden Abbau des Leibes, sondern auch, ja mehr noch die Furcht vor immerwährendem Verlöschen. Er urteilt aber im Instinkt seines Herzens richtig, wenn er die völlige Zerstörung und den endgültigen Untergang seiner Person mit Entsetzen ablehnt. Der Keim der Ewigkeit im Menschen läßt sich nicht auf die bloße Materie zurückführen und wehrt sich gegen den Tod. Alle Maßnahmen der Technik, so nützlich sie sind, können aber die Angst des Menschen nicht beschwichtigen. Die Verlängerung der biologischen Lebensdauer kann jenem Verlangen nach einem weiteren Leben nicht genügen, das unüberwindlich in seinem Herzen lebt.

Während vor dem Tod alle Träume nichtig werden, bekennt die Kirche, belehrt von der Offenbarung Gottes, daß der Mensch von Gott zu einem seligen Ziel jenseits des irdischen Elends geschaffen ist. Außerdem lehrt der christliche Glaube, dass der leibliche Tod, dem der Mensch, hätte er nicht gesündigt, entzogen gewesen wäre, besiegt wird, wenn dem Menschen sein Heil, das durch seine Schuld verlorenging, vom allmächtigen und barmherzigen Erlöser wiedergeschenkt wird. Gott rief und ruft nämlich den Menschen, daß er ihm in der ewigen Gemeinschaft unzerstörbaren Lebens mit seinem ganzen Wesen anhange. Diesen Sieg hat Christus, da er den Menschen durch seinen Tod befreite, in seiner Auferstehung zum Leben errungen. Jedem also, der ernsthaft nachdenkt, bietet daher der Glaube, mit stichhaltiger Begründung vorgelegt, eine Antwort auf seine Angst vor der Zukunft an; und zugleich zeigt er die Möglichkeit, mit den geliebten Brüdern, die schon gestorben sind, in Christus Gemeinschaft zu haben in der Hoffnung, daß sie das wahre Leben bei Gott erlangt haben.

4. Das Ziel der Hoffnung

Kann man vom Jenseits reden?

„Jetzt sind wir Kinder Gottes. Aber was wir sein werden, ist noch nicht offenbar geworden. Wir wissen, dass wir ihm ähnlich sein werden, wenn er offenbar wird; denn wir werden ihn sehen, wie er ist. Jeder, der dies von ihm erhofft, heiligt sich, so wie Er heilig ist" (1 Joh 3,2 f.). Der eigentliche Wert dieser Feststellung liegt noch nicht in der Aussage, dass die Gestalt unserer absoluten, nach dem Tod liegenden Zukunft verborgen ist; das entspricht unserer schlichten Erfahrung. Wichtig ist vielmehr, dass diese Aussage in der Heiligen Schrift gemacht wird, die von den Christen stets als Buch der *Offenbarung*, also der Aufdeckung von Verborgenem, verstanden und verehrt worden ist. Johannes sagt nicht mehr und nicht weniger als dieses: In dieser Hinsicht gibt es keine Offenbarungen! Damit ist für ihn aber nicht der Punkt gekommen, an dem man die Schalter des eschatologischen Bureaus schließen könnte. Es gibt ungeachtet des Eingeständnisses der grundsätzlichen Verborgenheit für den Briefschreiber sehr wohl ein echtes Wissen; dieses Wissen seinerseits berechtigt zu wahrer und sinnerfüllender Hoffnung. Man „heiligt sich" in der Weise Gottes selbst!

Weil die Christen, sogar die Theologen unter ihnen, diese Mahnung oft vernachlässigt oder gleich ganz in den Wind geschlagen haben, bekamen ihre Vorstellungen und Aussagen über das Jenseits einen Klang, der bei leichtgläubigen Gemütern eine Angst erzeugte, die der christlichen Grundbotschaft von der Freude und Hoffnung stracks zuwiderläuft, der andererseits bei kritischen Geistern ob ihrer Unaufgeklärtheit nur abschätziges Lächeln hervorrufen konnte und sie damit der Belanglosigkeit überantwortete. Diese Einschätzung wurde gefördert, wenn sie die Streitigkeiten und Spitzfindigkeiten erlebten, mit denen die Gottesgelehrten über absurde Detailfragen stritten, von denen sie nichts wussten und die man auch gar nicht wissen muss. Im vorigen Kapitel stehen ein paar Beispiele. Wenn man sich daher anschickt, über den Bereich auf der anderen Seite der Grenze, die der Tod setzt, zu sprechen, muss man sich genau Rechenschaft geben über die Redemöglichkeiten, die uns gegeben sind. Wir verfügen im Grund nur über eine einzige Sprechweise, die an den ganz alltäglichen Erlebnissen und Erfahrungen ausgebildet worden ist. Auch wenn sie überschritten werden, müssen wir uns ihrer bedienen, indem wir sie nun aber nicht mehr ein-sinnig *(univok),* sondern mehrsinnig *(analog)* gebrauchen: Wir verwenden Bilder und Vergleiche, die in einem oder mehrern Punkten von der Alltagserfahrung gedeckt sind, in anderen diese aber übersteigen.

Wer sich vergeblich bemüht, seinen Computer zu bestimmten Operationen zu bewegen, sagt verärgert: „Der streikt!" Im ursprünglichen Sinn ist *Streik* das Verhalten von Arbeitnehmern im Arbeitskampf: Sie setzen das Mittel der Arbeitsverweigerung bewusst ein, um z. B. Lohnerhöhungen durchzusetzen. Natürlich hat der Computer weder ein Bewusstsein noch kann er gegen den Besitzer etwas durchsetzen wollen noch bekommt er überhaupt ein Entgelt für seine Tätigkeit – er ist eine Maschine; der Nutzer versteht es nicht, diese sachgemäß zu gebrauchen, weshalb sie nicht funktioniert. Erst und nur dieses Letztere hat er mit dem streikenden Arbeiter gemeinsam: Die erforderliche Arbeit (Funktion) geschieht nicht.

Es mag nun leicht einsichtig geworden sein: Wenn schon in dem unserer Erfahrung zugänglichen, wenn auch deren Alltagsfeld übersteigenden Bereich Bildsprache unumgänglich ist, dann trifft das erst recht für die jenseitige „Welt" (auch dieses Wort ist schon ein Bild!) zu. Die diesbezügliche Rede muss also sehr behutsam sein. Wer sie verwendet, hat sich an bestimmte Regeln zu halten, die deren Eigenart und den bescheidenen Möglichkeiten, sie auf den Begriff zu bringen, gerecht werden. Es müssen, so hat der berühmte Theologe *Karl Rahner* es formuliert, „theologische Prinzipien der Hermeneutik eschatologischer Aussagen" entwickelt werden (Schriften zur Theologie IV, 401–428). Einige seien hier der Darlegung der christlichen Eschatologie vorangestellt, die in diesem Kapitel erfolgen soll. Zum Teil haben wir sie weiter oben schon angedeutet und angewendet.

Regeln für die Jenseits-Rede

1. Die christliche Eschatologie will tatsächlich Aussagen über die Zukunft von Mensch, Welt und Geschichte machen. Sie ist also nicht bloße Mahnrede zur Durchsetzung irgendwelcher sittlichen Vorstellungen, die durch Lohn- und Strafandrohungen wirksam unterstützt werden sollen. Es geht ihr stets auch um die *Perspektiven des Schicksals,* die sich für den Menschen wahrhaft und wirklich öffnen.

2. Eschatologie ist daher ein Unternehmen, das der Menschlichkeit des Menschen entspricht. Denn wie die Vergangenheit, so gehört auch die Zukunft zu den Dimensionen des Menschseins. Ich lebe und kann leben in der Gegenwart nur, weil ich aus dem Gestern geworden bin und in ein Morgen hineinschreite. Ich kann mich daher nur dann wirklich selbst verstehen und mein Leben verantwortlich in die Hand nehmen, wenn ich weiß, wohin mein Lebensweg geht. Dabei ist die entscheidende Frage: Ist mit meinem Tod alles aus oder setzt jener Weg sich fort? Darauf antwortet *Eschatologie*. Wenn sie *christliche Eschatologie* ist, erfolgt die Antwort aus Quellen und Vorgaben der christlichen Religion.

3. Die Quellen des Christentums, also vor allem und in Maßgeblichkeit für jedwede andere Quelle und Vorgabe die Schriften der Bibel, wollen an keiner Stelle eine Angabe aus der (absoluten, d. h. jenseits der geschichtlichen Zeit liegenden) Zukunft heraus in die Gegenwart (der Geschichte) hinein machen. Sie werden also falsch gelesen, wenn sie als Erzählungen aus dem Jenseits, als Schilderungen von Begebnissen und Gegebenheiten gleichsinniger Art mit irdischen Begebnissen und Gegebenheiten begriffen werden. Die

Bibel besteht darauf, dass niemand je etwas davon berichtet hat (vgl. 1 Joh 3,2 f.; 1 Kor 2,9). Sie enthalten somit weder Wahrsagungen noch Prophetien, sondern wollen in vielen, verschiedenartigen, je auch auf den jeweiligen Adressaten bezogenen und daher auch gar nicht harmonisierbaren Bildern und Vergleichen von der Gegenwart aus *verantwortbare Feststellungen über die Zukunft* machen.

4. Eschatologische Aussagen der Tradition verlangen also stets nach ihrer Ortung im Beziehungsgefüge der Menschen und der Zeit, in der sie gemacht worden sind. Zu berücksichtigen sind beispielsweise das Weltbild, die Erfahrung mit dem Guten wie dem Bösen einer bestimmten Epoche, die psychologische Gestimmtheit der Autoren, die politische und religiöse Situation. Vor allem jedoch ist ihre *Aussageabsicht* von höchstem Belang: Wollen sie wie die Apokalyptiker den Bedrängten ihrer Zeit Trost verschaffen, wollen sie Missständen wehren, Menschen in Todesangst Hoffnung spenden? Die bleibende Aufgabe der Eschatologie ist, im Übrigen nicht anders als auch sonst in den Teilgebieten der Theologie, Übersetzertätigkeit. Sie ist auf diesem Feld nur besonders schwierig, sofern sie das durch den Tod Verhüllte nur als das Verhüllte, das nicht gewusste Geheimnis als bewusstes Geheimnis nahe bringen darf und kann.

5. Eschatologische Aussagen sind auch im Rahmen der christlichen Offenbarung also stets nur Vor-Aussagen aufgrund der *in der eigenen Lebenserfahrung* (welche auch die Gotteserfahrung beim religiösen Menschen umfasst) *begründeten* Feststellungen, wie sie sich ergeben

a) aus der Anthropologie als der Erfahrungslehre vom sterblichen Menschen,

b) aus der Theologie als der Erfahrungslehre vom unsterblichen Gott. In der christlichen Theologie ist dabei besonders wichtig die Christologie als Lehrkomplex über Jesus von Nazaret, der im Ostergeschehen als Todesüberwinder erkannt worden ist.

Ein Krieger besuchte Meister Hakuin.

Quelle: Peter Weber-Schäfer (Hg.), Zen. Sprüche und Leitsätze der Zen-Meister (6. Jh.) (= Insel-Clip 9), Frankfurt/Main 1995, 63 f., hier zit. nach H. J. Simm, Orte der Seele. Gedanken über das Jenseits (= insel taschenbuch 2238), Frankfurt/Main 1998, 190 f.

Ein Krieger besuchte Meister Hakuin und fragte: „Gibt es wirklich einen Himmel und eine Hölle?"

„Wer bist du?" fragte der Meister.

„Ein Soldat der kaiserlichen Garde", erwiderte der Krieger stolz.

„Das glaube ich nicht", meinte Hakuin, „dafür siehst du viel zu jämmerlich aus. So einen stellt der Kaiser nicht in die Garde ein!"

Aufbrausend griff der Krieger zum Schwert, doch Hakuin blieb ganz ruhig und sagte nur: „Na los! Wirst du es wirklich schaffen, mir den Kopf abzuschlagen?"

Der Krieger konnte sich nicht zurückhalten und stürzte wütend mit gezogenem Schwert auf den Meister ein.

Der lächelte nur und sagte: „Jetzt kennst du die erste Hälfte der Antwort: Eben hast du die Tore der Hölle geöffnet."

Wie vom Blitz gerührt blieb der Krieger stehen, dann steckte er sein Schwert in die Scheide und verneigte sich vor Hakuin.

„Jetzt kennst du die zweite Hälfte der Antwort", sprach der Meister, „eben hast du die Tore des Himmels geöffnet."

Man gelangt, anders ausgedrückt, zu solchen Aussagen, wenn man das, was wir aus Erfahrung und Offenbarung über den Menschen und über Gott wissen, sachgerecht in die Dimension einer Wirklichkeit überträgt bzw. dorthinein ausfaltet, die den Tod voraussetzt. Der Text oben aus der Tradition des Zen-Buddhismus entspricht dieser prinzipiellen, also auch nicht an das Christentum gebundenen, wenn auch hier besonders akzentuierten Einsicht.

6. Diese Wirklichkeit ist von unserer Perspektive aus vor allem anderen dadurch ausgezeichnet, dass es in ihr *keine irdische Zeit mehr* gibt. Diese ist, wie immer man sie dann näherhin beschreibt (was in der gegenwärtigen Physik kon-

trovers ist), eine physikalische Größe, die an den Raum gebunden ist. Der Mensch ist durch seinen Leib in den Raum und dadurch in die Zeit gebunden. Im Tod hört diese Einbindung auf jeden Fall auf. Es ist sachlich richtig auch für christliches Verständnis, wenn auf dem Grabstein Geburts- und Sterbedatum vermerkt werden: Dieser Mensch war Erdenbürger genau in der dadurch angegebenen Spanne. Auch und gerade wenn er nach dem Tode bei Gott weiter- lebt und dieses Weiterleben nicht die lineare Fortsetzung der seitherigen Existenz ist, vollzieht sich das außerhalb der Gegebenheit Zeit, die er bisher beansprucht hatte. Es kann dabei offenbleiben, wie man die neue Lebens-Form, die eine wie immer geartete Dauer und nicht die Zeitlosigkeit Gottes ist, die wir Ewigkeit nennen, beschreiben will.

Jedenfalls ergibt sich dadurch eine Redeweise, deren Nichtbe- achtung zu großen Problemen führt. Von dieser Stunde her, in der ich (noch) auf dieser Welt lebe, kann, ja muss ich sagen: „Mein Vater starb vor 35 Jahren", oder: „In spätestens 100 Jah- ren bin ich tot." Wäre ich ein Prophet, so könnte ich ankündi- gen: „Im Jahre X geht die Welt unter." Alle diese Sätze sind nur diesseits der Todeslinie von einem Erdenbewohner aussagbar und richtig. Sie gelten nicht für Gott, für den es schlechthin keine Zeit gibt; sie gelten aber auch nicht von den Menschen, die die Todesgrenze passiert haben und bei Gott leben. Ein Toter kann nicht sagen, dass er vor 35 Jahren gestorben ist, dass sein Sohn im Jahre Y sterben wird, dass die Welt Anno X ver- geht. Eschatologische Aussagen müssen sich mithin bewusst sein, aus welcher Perspektive und in welche Dimension hinein sie sprechen.

7. Damit hängt eine andere wichtige Gegebenheit zusam- men: Nach christlichem Verständnis ist der Mensch eine personale Ganzheit, die allerhöchstens gedanklich, nicht aber wirklich in Teile gespalten werden kann. Es kann daher keine Eschatologie geben, die nur für die Seele, und eine zweite, die nur für den Leib gilt; es kann auch keine Escha- tologie geben, die für das Individuum, und eine andere, die für die Gesamtwelt zutrifft. Eschatologische Aussagen sind

somit dergestalt beschaffen, dass sie stets *für Leib und Seele, für den einzelnen und die Weltgeschichte* zutreffen, auch wenn sie natürlich unmittelbar mehr diese oder mehr jene Ebene direkt betreffen können.

8. Christliche Eschatologie steht unter dem allgemeinen Vorzeichen des Christentums: Sie ist die frohe Botschaft, das Evangelium vom endgültigen und unüberbietbaren Glück des Menschen, von der Ganzheit, die wir Heil oder Sinn nennen. Eschatologische Aussagen besitzen von daher eine unumkehrbare Richtung, einen nicht verlagerbaren Schwerpunkt: Sie sind wesentlich *Heilsverkündigung.* Das schließt nicht aus, sondern gerade ein, dass in der Eschatologie auch vom Un-Heil und seiner realen Möglichkeit gesprochen werden muss. Wenn in der Anthropologie von der Freiheit des Menschen gesprochen wird, dann muss es einen grundsätzlich doppelten Ausgang der menschlichen Biographie geben können: Sie kann glücken oder missglücken mit ewigen Folgen, je nachdem wie der Mensch seine Selbstbestimmung genutzt hat. Es entzieht sich aber jeder sicheren Erkenntnis, ob und wieweit das eine oder das andere bei einem bestimmten Individuum im Moment seines Todes der Fall ist. Über sein Schicksal etwas auszumachen, bleibt uns verwehrt.

Versuchen wir nun, uns an diese Regeln zu halten und über das Jenseits des Todes so zu reden, wie es dann verantwortet und glaubhaft geschehen kann.

Zwischen

In diesem Augenblick, da eine Leserin oder ein Leser sich mit unserem Buch beschäftigen, sterben, wie in jedem Augenblick, Menschen. Leserin oder Leser leben indes weiter. Vorerst, freilich nur. Eines Tages werden sie, irgendwann alle Menschen tot sein. Danach kommt nach christlichem Glauben die Auferweckung der Toten durch Gott und das ewige Leben. Es muss also einen Übergang geben zwischen irdischem Tod und dem Leben in der Gemeinschaft Gottes.

Aus diesen Einsichten ergibt sich das Problem eines dreifachen „Zwischen":

1. Was ist *zwischen* dem Tod des Individuums und dem Weltende (= Tod aller Menschen)? Das ist das Problem von *individueller und allgemeiner Eschatologie.*

2. Was ist *zwischen* Tod und Auferstehung des einzelnen? Das ist das Problem des *„Zwischenzustandes"* in der klassischen Lehre von den Letzten Dingen.

3. Was ist *zwischen* Lebensende und Vollendung des Lebens durch Gott, falls der einzelne nicht im Zustand der Heiligkeit geendet bzw. sich das während Unheil zugezogen hat? Das ist das Problem der *Läuterung,* in der Theologie unter den Stichworten Purgatorium oder Fegefeuer abgehandelt.

Denken wir an die Regeln über eschatologische Aussagen, besonders an die achte, dann sind die beiden ersten Fragen von nachrangiger Bedeutung.

Zur ersten Frage können wir bemerken: Individuelle und allgemeine Eschatologie sind nur unterscheidbar von unserer, der zeitgebundenen Perspektive her. Für die heute Lebenden ist selbstverständlich die Geschichte noch nicht abgeschlossen; sie läuft unaufhaltsam weiter und bringt Neues und Unerwartbares. Das kann man zwar in der gleichen Weise von einem Toten nicht sagen, aber ist für ihn Geschichte wirklich zu Ende, seit er gestorben ist? Sein Wirken geht doch weiter – in seinen Nachkommen, in seinem Erbe, in seinem Lebenswerk. Manchmal setzt die Wirkungsgeschichte eines Menschen erst nach dem Tode richtig ein – bei Denkern oder Dichtern beispielsweise, deren Bücher lange nach ihrem Ableben erst von vielen gelesen werden, sie inspirieren, Taten freisetzen. Man kann hier an Jesus von Nazaret denken, der zu Lebzeiten kaum in seiner engsten Umgebung bekannt gewesen ist, nach seiner Hinrichtung aber eine Welt und Zeit umspannende Nachfolgebewegung bis zur Stunde ausgelöst hat. Um umgekehrt: Von Gott aus gesehen, gibt es überhaupt keine Geschichte, weil er außerhalb jeder Zeit steht. Für ihn sind die irdischen Abläufe ein ewiges und immer präsentes Jetzt (wobei auch dieses Wort, da der Zeitsprache entnommen, unexakt ist). Vor Gott liegt die gesamte geschaffene Welt offen und vollkommen abgeschlossen da, auch wenn sie für uns ein evolutives, ständig ablaufendes Ereignis ist.

Man kann das in einem Bild veranschaulichen. Stellen wir uns vor, wir stünden auf einem hohen Turm, von dem aus wir Einblick in zwei von hohen Häusern gesäumte Straßen haben, die sich unterhalb unseres Standpunktes kreuzen. Die Menschen auf den Straßen sehen einander nicht, sie wissen nichts von ihrem gegenwärtigen Zustand – wir auf unserem Turm beobachten alles. So sehen wir auch erschrocken, wie sich zwei Fahrzeuge mit weit überhöhter Geschwindigkeit auf die Kreuzung zubewegen. Es gibt keinen Zweifel: Sie müssen nach allen Regeln der Physik zusammenstoßen. In diesem Augenblick ist für die beiden Fahrer unvorhersehbare Zukunft, was für uns schon unabwendbares Ereignis ist. Kurze Zeit darauf ist es auch für sie furchtbare Gegenwart. Wir sind erschüttert, aber nicht überrascht. Es konnte sich gar nicht anders ereignen, wenn einmal die beiden Autofahrer sich (unabhängig voneinander) dafür entschieden hatten, die Verkehrsregeln und die Klugheitsgebote zu missachten. Dann regieren eben allein die Naturgesetze. Wie alle Bilder hinkt auch dieses: Genau genommen vollzieht sich selbstredend auch unsere Beobachtung unter zeitlichen Bedingungen. Es will nur aufzeigen, wie etwas sachlich präsent sein kann, was chronologisch nicht gleichzeitig ist.

Wir dürfen also festhalten: Auf der einen Seite ist für uns Menschen Geschichte nie abgeschlossen, solange sie abläuft, für Gott auf der anderen Seite ist Geschichte nie ein Verlauf, sondern Vollzug der Schöpfung, die immer vor seinem Auge als ganze steht. Ein wirkliches „Zwischen" kann es darum auf dieser Ebene nicht geben. Individuelle und allgemeine Eschatologie sind allenfalls Perspektivbezeichnungen ein und derselben Wirklichkeit.

Auf der zweiten Frage-Ebene entstehen erheblich schwierigere Probleme. Der Zwischenzustand, der in der klassischen christlichen Eschatologie eine so erhebliche Bedeutung hatte, ist nur dann denknotwendig, wenn der Tod des Menschen als Trennung zweier menschlicher Bestandteile gesehen wird, eines (vorerst, bis zur endzeitlichen Auferstehung) sich zersetzenden Leibes und einer (in sich, ihrer Natur nach unsterblichen) Seele – wie immer dann im Detail das Zueinander begriffen wird. Er steht und fällt im Grunde mit der platonischen Philosophie. Diese ist ein mögliches Denksystem zur Erklärung des christlichen Glaubens, aber nicht das einzige und nicht das unter irgendeiner Glaubensrücksicht verbindliche. Daher darf man Fragen stellen: Wie kann unter diesen Voraussetzungen die wesentliche Einheit des Menschen und wie kann dann der Tod als Tod des ganzen Menschen gehalten werden – beides Fundamentalsätze der christlichen Anthropologie? Für die platonische Theorie gibt es eigentlich keinen echten Tod außer dem des Leibes, der minderen Wertes und Wesens ist. Das „Eigentliche" geht nicht zugrunde. Dann aber erübrigt sich doch der letzte Satz des Credo: Man kann an die Auferstehung nur noch des Leibes, nicht mehr der Seele und somit nicht des ganzen Menschen glauben. Wie kann weiter angenommen werden, dass das endgültige Schicksal der ganz Guten und der ganz Bösen sich sofort nach dem Tod vollende (wie es Benedikt XII. dogmatisch verpflichtend gelehrt hatte: vgl. S. 64 f.), wenn doch der Leib den einen zum ganzen Glück, den anderen zum vollen Unheil abgeht? So wird man die klassische Lehre als ein klassisches Denkmuster bezeichnen dürfen, das für den christlichen Glauben nicht wesenswichtig ist. Von großer Bedeutung dagegen ist *das dritte „Zwischen"*, von dem oben gesprochen werden musste. Ihm müssen wir uns daher eingehender zuwenden.

Läuterung

Jeder weiß, dass es neben den vollkommen Guten und den abgrundtief Bösen Menschen gibt, die zu Lebzeiten Mittelmaß, teils gut, teils schlecht waren. Das Gute in ihnen schloss sie ein für alle Male von der Hölle, das Böse wenigstens vorerst vom Himmel aus. Auch hier ergibt sich also ein „Zwischen". Sollte es mit der Heilsbotschaft ernst sein, so musste sich für sie die Himmelstür schlussendlich öffnen – aber nicht schon gleich nach dem Ableben. Das ist der Ansatzpunkt der Läuterungslehre. Wie lässt sie sich heute verstehen?

An erster Stelle ist unter Berufung auf die eschatologischen Sprachregeln festzuhalten, dass dieses „Zwischen" nicht auf der Zeitschiene angesiedelt sein kann: Die Zeit hört mit dem Tode auf, so dass alles, was sich jenseits abspielt, unzeitlich zu denken ist – auch wenn wir nicht umhin können, das nochmals mit Begriffen aus der Zeit-Sprache auszudrücken („abspielen"). Es kann also kein Purgatorium, keinen Reinigungs-Ort geben, „in dem" die „Armen Seelen" eine Zeitlang schmachten.

Damit ist aber die Lehre keineswegs erledigt. Sie verlangt aber andere Ausdrucksformen. Die endgültige Vollendung des Menschen kann nur die Gemeinschaft mit Gott sein. Denn nichts ersehnen wir so sehr wie die erfüllte Liebe. Wenn Gott nicht nur ein Liebender, sondern *die Liebe* selber ist, dann bedeutet Vollendung, Sinn, Glück, Heil – wie immer wir diesen Zustand auch nennen wollen – nichts anderes als das Eingehen in die Liebesgemeinschaft dieses Gottes. Das aber schließt notwendig ein, dass auch der Mensch, der ihrer teilhaft werden will und soll, von menschenmöglich reiner Liebe (also immer endlich und begrenzt) zu Gott erfüllt sein muss. Lieben heißt: Ganz für den anderen da sein; sich selber ganz und gar an den anderen verschenken. Güte und Bosheit eines Menschen bemessen sich unter dieser Rücksicht nicht schon durch das Verhalten gegenüber ethischen Vorschriften, sondern durch das Maß der Liebe, die einer hat bzw. nicht hat. Gut sein bedeutet: sich selber loslassen; böse sein heißt: sich selber behaupten wollen. Das ist eine umfassende Haltung, die allen Wesen und aller Wirklichkeit gegenüber gilt. Deswegen kann der Richter beim Welttribunal sagen, was dem geringsten seiner Brüder getan oder nicht getan worden ist, sei ihm, dem richtenden Gott gegenüber, getan oder auch nicht getan worden (Mt 25,31–46).

Es bedarf also der Hinkehr zur vollen Liebe, falls es solch Nichtgetanes im Leben eines Menschen gibt. Bis dorthin ist ein Mensch noch nicht von der *lauteren* Liebe, die allein gottfähig macht: Er muss daher ge-*läut*-ert werden. Er hat sich von der unlauteren Selbstbehauptung zur lauteren Hingabe zu be-kehren. Das ist schmerzhaft. Aber das ist nicht notwendig als zeitgestrecktes Geschehen zu verstehen. Es geht um die Intensität der Abkehr und der Umkehr.

Auch das mag eine kleine Geschichte deutlicher zeigen. Ein Mann, der heiß und innig, mit höchster Lauterkeit von seiner Gattin geliebt wird, befindet sich auf einer längeren Reise. Um sich zu befriedigen, geht er in ein Eroscenter und begeht dort gegenüber seiner Frau Ehebruch. Dann kehrt er heim. Die Gattin empfängt ihn mit der ganzen Kraft und Herzlichkeit ihrer Zuneigung; sie ahnt mit keiner Faser, was geschehen ist; arglos und rein ist ihre Liebe. In diesem Moment wird sich der Ehemann seiner ganzen Schande und Scheußlichkeit ihr gegenüber bewusst. Heiß durchzuckt es ihn wie Feuer: Er erkennt sich vor sich selbst als Menschen, der dieser Frau unwürdig ist. Alles wird er versuchen, um gutzumachen, was er gefehlt hat. Im Kuss, den er jetzt der Frau gibt, liegt schon die ganze innere Kraft seiner Liebe wie in einem Zeichen beschlossen. So etwa lässt sich verstehen, was die katholische Lehre vom Purgatorium ausdrücken will.

Der Mensch, der im Tod in der Blöße seiner Lieblosigkeit der unverstellten Liebe Gottes gewahr wird, erkennt in dieser und damit auch durch sie allein (und nicht aufgrund eigener Leistung), was er ist und wer er in Wahrheit ist (besser: nicht ist), und wer er doch sein sollte. Gottes nachgehende

Liebe zeigt sich eben darin, dass er diesen (von ihm nochmals gnadenhaft veranlassten) Akt annimmt und den Menschen in diesem Vollzug seiner, Gottes, würdig und damit seiner, Gottes, Gemeinschaft fähig macht (vgl. den anschließenden Text).

C. G. Jung, Erinnerungen Träume Gedanken, © 1971 Patmos Verlag GmbH & Co. KG, Walter Verlag, Düsseldorf.
Der große Psychologe hatte 1944 einen Herzinfarkt erlitten, der ihn an den Rand des Todes brachte. In der Bewusstlosigkeit erlebte er Visionen und Delirien, die er später niederschrieb. Darunter befindet sich ein Bilderlebnis, das eine gute Veranschaulichung der Läuterung im Tode sein kann.

Als ich mich den Stufen zum Eingang des Felsens näherte, geschah mir etwas Seltsames: ich hatte das Gefühl, als ob alles Bisherige von mir abgestreift würde. Alles, was ich meinte, was ich wünschte oder dachte, die ganze Phantasmagorie irdischen Daseins fiel von mir ab, oder wurde mir geraubt – ein äußerst schmerzlicher Prozeß. Aber etwas blieb; denn es war, als ob ich alles, was ich je gelebt oder getan hätte, alles, was um mich geschehen war, nun bei mir hätte. Ich könnte auch sagen: es war bei mir und das war Ich. Ich bestand sozusagen daraus. Ich bestand aus meiner Geschichte und hatte durchaus das Gefühl, das sei nun Ich. „Ich bin dieses Bündel von Vollbrachtem und Gewesenem." – Dieses Ergebnis brachte mir das Gefühl äußerster Armut, aber zugleich großer Befriedigung. Es gab nichts mehr, das ich verlangte oder wünschte; sondern ich bestand sozusagen objektiv: ich war das, was ich gelebt hatte. Zugleich herrschte das Gefühl der Vernichtung, des Beraubtseins oder Geplündertseins vor, aber plötzlich wurde auch das hinfällig. Alles schien vergangen, es blieb ein *fait accompli,* ohne irgendwelche Rückbeziehung auf das Frühere. Es gab kein Bedauern mehr, daß etwas weggefallen oder weggenommen war. Im Gegenteil: ich hatte alles, was ich war, und ich hatte nur das.

Für die Toten beten – zu den Toten beten

Die Reformatoren des 16. Jahrhunderts haben die Lehre vom Purgatorium der römisch-katholischen Kirche nicht zuletzt deswegen abgelehnt, weil sie zu einer unseligen „Werkerei" verleitete und das „Seelenheil" von Geld und Ablassfrömmigkeit abhängig zu machen schien: Wer genügend Messen zahlte, wer durch ein ansehnliches Seelgerät vorgesorgt hatte, meinte, sich durch das Fegfeuer hindurchmogeln zu können. Man sagte sogar, wenn der Papst nur wolle, könne er durch entsprechende Ablässe das ganze Purgatorium schließen lassen. Dass das Missverständnisse und Missbräuche sind, braucht man heute nicht lange zu beteuern. Wird aber nicht durch die Deutung, die eben gegeben wurde, überhaupt jegliches Gebet für die Toten, das doch eine so lange und so hilfreiche Geschichte hat, für überflüssig erklärt? Wenn doch alles sich „im Augenblick" des Todes vollzieht, erübrigt sich jede Fürbitte für sie nach deren Hinscheiden. Das wäre zu kurz gedacht.

Die Gerichtsrede Mt 25 weist darauf hin, dass sich das Heils- und Liebesgeschehen nicht exklusiv zwischen dem Individuum und Gott abspielt, sondern immer schon die anderen Menschen einbezieht, in deren Lebens- und Wirkungsraum das Individuum sich bewegt. Wenn Gott der Schöpfer und Vater aller Menschen ist, gehören alle zu seiner Familie, sind alle mithin einander Geschwister und in jedes Geschehen des einzelnen mit Gott und Gottes mit ihm einbezogen. Die Theologie hat für diese besondere, von den übrigen menschlichen Bindungen unterschiedene (sie aber einschließende) Gemeinschaftlichkeit den Namen „Communio" geprägt; sie sieht sie in besonderer Weise in der Kirche Christi verwirklicht. Ein anderes, biblisches Bild ist der Leib, in dem jedes Glied im Dienste aller Glieder und der Gliedereinheit wirkt. Weil diese Communio aber am intensivsten im Tod des Individuums auf dem Spiel steht, versteht sich die Solidarität ihrer Mitglieder besonders intensiv gerade in diesem Moment. Kein Mensch geht, so gesehen, einsam in den Tod. Er steht in der Heilsgemeinschaft und wird von ihrem Gebet getragen; er lebt in der Organeinheit des ganzen Leibes.

Dabei ist es belanglos, *wann* die Individuen der Gemeinschaft dem Sterbenden ihre geschichtlich konkrete Solidarität erweisen: Sie trifft stets den entscheidenden Moment. Denn Adressat jeden Betens ist Gott; Gott aber kennt, wir müssen es wiederholen, keine Zeit und Zeitlichkeit. Bei ihm also kommt jedes Gebet zur rechten Zeit (gesehen vom Akt des Sterbens jenes Menschen her, für den es verrichtet wird) an, gerade weil er außer ihr lebt. So kann jeder schon in dieser Stunde für die Stunde seines (und anderer Menschen) Todes beten: Das geschieht etwa im „Ave Maria" („Bitte für uns Sünder jetzt und in der Stunde unseres Todes"). So kann jeder auch für die Toten beten, die längst gestorben sind. Es ist immer treffende Hilfe.

Aus dem Communio-Denken erklärt sich auch das Gebet zu den Toten, die wir in der Vollendung glauben dürfen. Wir nennen sie gewöhnlich die „Heiligen", weil sie im Gottesheil unumkehrbar weilen. Heilig sind sie, so haben wir erkannt, weil sie die ihnen mögliche Vollendung in der universalen Liebe erreicht haben. Dann aber steht ihre Liebe in der gleichen Zielrichtung wie Gottes Liebe: Sie ist in der Gottesliebe *Menschenliebe,* die alle Glieder des Leibes durchflutet. So kann man sie auch um ihre Liebe anrufen, sie ob der sich in ihnen zeigenden Gottesliebe ehren und verehren. Wenn wir dabei Hilfe erwarten, dann nicht als mögliche Zusatz- oder gar Ersatzzuwendung bezüglich der Liebe Gottes, sondern als Verwirklichung der Schöpfer- und Erlöserliebe Gottes, der im Gottmenschen Christus nichts mehr menschenlos geschehen lässt, was durch ihn geschieht.

Gericht

Dieses Wort bedeutet in unserer Alltagssprache entweder den Vorgang der Rechtsprechung (Durchsetzung des verletzten Rechtes) oder das dafür zuständige Organ (bestehend aus Richtern). Damit verbinden sich zwei Möglichkeiten, der Freispruch, weil eine Rechtsverletzung nicht nachweisbar war, oder die Verurteilung, weil auf Verletzung des Rechts erkannt worden ist. In diesem Fall wird der Angeklagte bestraft entweder mit einer Vergeltungsstrafe oder mit einer Zweckstrafe. Die Vergeltungsstrafe lehnt sich gewöhnlich an die Straftat an und sucht das Unrecht zu beseitigen durch eine Art Reparatur. Am bekanntesten ist der alttestamentarische, von Jesus abgelehnte Grundatz „Auge um Auge, Zahn um Zahn" (Ex 21, 24; Mt 5,38). Im deutschen Strafrecht kommen solche Strafen nicht vor. Die Zweckstrafe hingegen möchte durch Entziehung eines Gutes (z. B. der Freiheit) oder Zufügung eines Leides (etwa von harter Zwangsarbeit) den Täter oder die Täterin spürbar auf ihre Schuld aufmerksam machen, um sie wieder zu einem Vollmitglied der Rechtsgemeinschaft zu machen. Sie achtet daher nicht auf den Zusammenhang von Tat und Sühne. Mit Gefängnis kann sowohl Diebstahl wie Mord geahndet werden; in sich steht aber der Freiheitsentzug weder mit dem einen noch mit dem anderen Delikt in Beziehung. Mit der Vergeltungsstrafe verwandt ist die Rache. Der Rächer will die erlittene Verletzung oder Schädigung durch Zufügung eines ähnlichen Übels vergelten.

Wenn in der Eschatologie vom Gericht gesprochen wird, müssen wir zwar diese Begriffe im Auge haben, dürfen sie aber nur mit Vorsicht (analog, haben wir das früher einmal genannt) für die hier angesprochenen Wirklichkeiten verwenden. Wenn Gott tatsächlich „wie ein guter Vater und eine liebende Mutter" ist (Hochgebet für besondere Anliegen IV), der seinen Geschöpfen Leben über das irdische Maß hinaus schenkt, dann kann wiederum nur die Liebe der

Maßstab seines Richtens sein. Damit fällt aber der ganze Bereich von Rache und Vergeltung aus. Von einer Zweckstrafe kann allenfalls im Zusammenhang mit der Läuterung die Rede sein. Andererseits kann gerade dem liebenden Gott nicht gleichgültig sein, wenn Unrecht geschieht: Dieses ist im Verstoß gegen Gottes Ordnung und direkt oder wenigstens indirekt auch Aggression gegen andere Geschöpfe. Die Ordnung ist ihrerseits nicht Willkürerlass, sondern entspringt nochmals der Liebe Gottes, die auf diese Weise das Ineinander- und Zusammenspiel der Geschöpfe in Frieden herbeiführen und gewährleisten will. Die Vorschriften des Zehnergesetzes, der Zehn Gebote vom Berge Sinai, sind ein Musterbeispiel dafür. Wenn Gott also sein Ziel erreichen will, die Geschöpfe in seinen Frieden und in seine Gemeinschaft zu bringen, dann muss diese Ordnung (wieder) hergestellt werden, damit sein Werk vollendet wird. Das ist der Sinn der eschatologischen Rede vom Gericht. Sie denkt an die ursprüngliche Wortbedeutung, wie sie deutlich wird im Ausruf: *„Recht so!"* Gericht hängt zusammen mit *richtig, gerade, ausgerichtet.* Dementsprechend sind auch Bilder der Bibel für die gemeinte Sache *„Ernte, Lohnauszahlung, Scheidung* (von Schafen und Böcken)".* Das eschatologische Gericht Gottes ist also weder Strafjustiz noch Machtdurchsetzung, sondern das endliche und endgültige Herstellen seines Reiches, das als Reich der Gerechtigkeit ein Reich der Liebe ist. Entsprechend der geschöpflichen Wirklichkeit, vor allem der des Menschen, vollzieht es sich gleichsam in zwei Akten oder Schritten. Dabei erinnern wir uns der letzten Regel eschatologischen Sprechens, wonach eine solche Ausdrucksweise von dem Denken aller Zeitlichkeit entkleidet werden muss. In der traditionellen Lehre kommt der angezielte Sachverhalt durch die Vorstellung eines besonderen und eines allgemeinen Gerichtes zum Tragen, wobei freilich beide chronologisch auseinanderliegend vorgestellt werden.

Richtig daran ist, dass sich das Gericht Gottes zunächst

auf den einzelnen als solchen beziehen muss: Es ist der Ausdruck der ganzen und vollen Achtung, die Gott vor der Unverfügbarkeit, der Freiheit und Eigenständigkeit des Individuums als seines einmaligen Ebenbildes hat. In dieser Kundgabe erlebt der Mensch sein Leben in seiner Ganzheit und Abgeschlossenheit – und er erleidet es zugleich, wenn es *ganz* nur als Fragment, *abgeschlossen* nur als lückenhafte Existenz gewesen ist. Vor der unendlichen und abstrichlosen Liebe Gottes erkennt er sich in Schmerz und Pein als einen, der mehr in sich als in Gott verliebt gewesen ist. Weil aber die wahre Liebe immer auf andere geht – konkret auf Gott in seinen Geschöpfen, wie es die Gerichtsrede Mt 25 und die Communio-Lehre klarmacht, – öffnet sich dem Individuum in der Selbsterkenntnis des Gerichtes zugleich die Welterkenntnis: Das Gericht wird Weltgericht, in dem der einzelne seine Einbindung ins Ganze und dessen Geleitetheit durch Gott erkennt.

Gericht ist damit gleichsam der letzte Liebesakt Gottes in der Geschichte, ehe deren Akteure, die Menschen, endgültig in seine Herrlichkeit gelangen. Er löst endlich die schwerste und Gott belastendste Frage aller Geschichte, die *Theodizee-Frage.* Sie mündet in dem (innerhalb der Geschichte offenkundig ins Leere gehenden) Schrei: „Wie kannst du, Gott, dieses unendliche Leiden zulassen, das es in deiner Welt gibt?" Wir können das Krumme, das Richtungslose, das Unrechte, das Verquere von Leid und Übel, Bosheit und Vergewaltigung, das sich durch die Zeiten nicht gemindert hat, nicht begreifen. Gericht Gottes heißt: Das alles wird endlich in seiner geheimen Richtigkeit enthüllt. „Die Geschichte trägt die Angst vor der Sinnlosigkeit in sich, die dem Menschen jede Kraft nimmt und in ihm die Sehnsucht nach der vollen Offenbarung des Logos steigert, die alle Dinge durchdringt. Und jetzt bricht er durch, implodiert und explodiert. Der Tag des Herrn ist da! Alles wird klar. ... Die Anti-phon geht in die Sym-phonie über, und beide bilden sie einen Hymnus zur Ehre Gottes" (Leonardo Boff, Was kommt nachher? Das Leben nach dem Tode, Salzburg 1982, 118).

Auferstehung der Toten

Der Christenglaube bezieht sich ausdrückich auf das ewige Leben des ganzen Menschen, eben der „Toten" – und wir haben gesehen, dass in diesem Wort eine Spitze gegen die platonische These von der (alleinigen) Unsterblichkeit der Seele enthalten sein sollte. Sie wurde dann doch in der Form übernommen, dass man der Ansicht war, nach dem Tod lebe die Seele weiter, der Leib komme nach der Phase der Verwesung am Ende der Tage, aus dem Grabe auferweckt, hinzu, so dass endgültig der ganze Mensch mit und bei Gott lebe. Die Probleme, die der damit notwendige Zwischenzustand macht, aber auch schon die Unzulänglichligkeit der griechischen Anthropologie haben die meisten Theologen der Gegenwart veranlasst, dieses Vorstellungsmodell aufzugeben, zumal die Heilige Schrift den Menschen als Ganzheit begreift, der als ganzer Gott, der Welt und den Mitmenschen gegenübersteht. Er stirbt daher als ganzer, er lebt bei Gott als ganzer.

Damit ist freilich die Frage nach dem Wann und Wie der Totenauferstehung neu zu beantworten. Ein unübersehbares Problem ist dabei die Tatsache, dass nach dem Tod auf jeden Fall die bisherige Einheit „Mensch" zerfällt; der Körper verwest. So bleiben eigentlich nur zwei Denkwege, wenn man den Leib-Seele-Dualismus vermeiden will. Der *erste* verläuft so: Mit dem Tod hört der Mensch zu existieren auf. Es gibt ihn nicht mehr, bis Gott am Weltende eine Neuschöpfung dieses Menschen bewirkt. Diesen Weg gehen viele protestantische Theologen. Hier erscheint Auferstehung voll und ganz als Gottes ureigenes Werk. Katholische Theologen wenden dagegen ein, dass die Identität des Individuums in diesem Modell nicht erhalten bleibt. Wir haben davon gesprochen. Im Anschluss vor allem an Karl Rahner haben sie in ihrer Mehrzahl daher den *zweiten Denkweg* eingeschlagen.

Danach ist sowohl an einem Ganz-Tod des Menschen wie

auch an seiner vollständigen Auferstehung festzuhalten. Diese kann dann aber angesichts des Zeitwegfalls nur als *im Tod geschehend* vorgestellte werden. Das Individuum wird nun einbezogen in die Vollendung Gottes, in der sich ihm sofort auch der Bezug zu allen anderen Menschen, zur Wirklichkeit aller geschaffenen Wesen überhaupt auftut (vgl. das folgende Schema).

Auferstehung im Tod.
Vermeidet man die Übertragung der Kategorien von Raum und Zeit auf das Jenseits des Todes, der das Geschöpf ihrer ja enthebt, so ergibt sich das Modell einer Auferstehung des Individuums im Moment, da das Leben durch den Tod beendet wird. Sie bedeutet für dieses Individuum („A" – „G" etc.), dass es eingeht in die Gemeinschaft mit dem Gott, für den alles „Gegenwart" ist und Vollendung: der einzelne, die Gesellschaft, die ganze welthafte Wirklichkeit.

GOTT ALLES IN ALLEM

Vollendung von Person, Gesellschaft, Welt

durch Auferstehung und Gericht

im

_ TOD _	TOD _	TOD _	TOD _	TOD _	TOD _	TOD _
v. A	v. B	v. C	v. D	v. E	v. F	v. G

Wie aber steht es mit dem materiellen Element des im Tod dahinscheidenden Menschen, das doch verwest? Bereits eine schlichte physiologische Überlegung macht uns darauf aufmerksam, dass eine Unterscheidung zu treffen ist. Wir wissen, dass abgesehen von einigen wenigen Zellen die gesamte Materie, die unseren Körper ausmacht, etwa alle sieben Jahre vollkommen erneuert wird. Alte Zellen sterben ab, neue bilden sich. Wer also älter ist als sieben Jahre, hat kaum noch etwas von der Körperlichkeit, die er z. B. als Säugling besaß. Ungeachtet dessen begreift er sich selber und wird er von allen anderen Menschen, die ihn kennen, als Selbigkeit und Identität verstanden, auch in seinem Körper. Wer jemanden jahrzehntelang nicht mehr gesehen hat, kann ihn doch meist unschwer wiedererkennen, selbst wenn die Figur sich inzwischen erheblich verändert hat. Er begegnet also einer Einheit, die zwei Aspekte hat. Wir können den einen *Körper* nennen: Er ist das, was wir mit unseren Sinnen unmittelbar wahrnehmen (durch Sehen, Hören, Betasten usw.), wenn wir einen anderen Menschen treffen: Fleisch, Haut, Knochen, Blut, Formen… Den anderen kann man als *Leib* bezeichnen: Er ist die sich uns darstellende Personalität des Menschen; es ist das, was uns ermöglicht, den lange nicht gesehenen Bekannten zu erkennen, ihn als dieses Du anzusprechen mit dieser Freiheit, dieser Vernunft, mit dieser Seele. Die Leiblichkeit äußert sich stets *durch* den Körper, ist aber nicht mit ihm schlankweg gleichzusetzen. Sie macht den Menschen aus, dergestalt, dass er ohne sie eben nicht ein Mensch, sondern ein Tier, ein Engel, ein Stein wäre. Sie muss sich materiell, aber sie muss sich nicht unbedingt in *dieser* Materie, *diesem* Zellbestand, den sie im Augenblick besitzt, ausdrücken. Sie ist das der Seele Zugrundeliegende, sie zur Menschenseele Gestaltende.

Auferstehung des Menschen kann unter dieser Perspektive dann so vorgestellt werden: Im Tod verliert der Mensch als leib-seelische Einheit und Ganzheit den Bezug zu seinem bisherigen Körper. Dieser geht zugrunde für immer. Dafür öffnet sich ihm durch die Gnade Gottes, die ihn als lebendige Einheit und Ganzheit gnadenhaft erhält, der Bezug zur gesamten Wirklichkeit – der Gottes, der der eigentliche Inhalt seiner neuen Seinsweise ist, der der anderen geschaffenen personalen Wesen, der des unbelebten Kosmos. Diese Beziehung ist, da wahrhaft menschlich, immer leiblich und leibhaftig, freilich nicht mehr angebunden an den bisherigen Körper. Mehr vermögen wir darüber verantwortlich nicht zu sagen: Ob und wie ein Auferstandener seine Leiblichkeit durch einen Körper realisiert und wie der beschaffen sein könnte, entzieht sich nicht bloß unserer Erkenntnis heute, sondern jeder irdischen Erkenntnismöglichkeit.

Zusammenfassend lässt sich feststellen: Das Auferstehungsgeschehen ist ganz und gar in der Gnade Gottes verankert. Er allein vermag vom realen Tod zu realem Leben zu erwecken. Nichts im Menschen fordert dies. Aber weil er den ganzen Menschen als sein Geschöpf und als durch Christus erlöste Person sieht, schenkt er dem ganzen Menschen als *diesem Menschen* das neue Leben. Diese Form der Verbindung von alt und neu nennen wir *Verwandlung*. Bei einem derartigen Vorgang gibt es ein in sich *Identisches* – hier: die leib-seelische Einheit „dieser Mensch" –, *ein Vergehendes* – hier: der Körper – sowie ein *Neues* – hier: der von Gott Vollendete.

Genau diesen Begriff Verwandlung verwendet bereits der Apostel Paulus in seinem uns schon bekannten eschatologischen Kapitel des 1. Korintherbriefes: „Wir werden nicht alle entschlafen, aber wir werden alle verwandelt werden. ... Denn dieses Vergängliche muss sich mit Unvergänglichkeit bekleiden und dieses Sterbliche mit Unsterblichkeit. Wenn sich aber dieses Vergängliche mit Unvergänglichkeit bekleidet und dieses Sterbliche mit Unsterblichkeit, dann erfüllt sich das Wort der Schrift: Verschlungen ist der Tod vom Sieg" (1 Kor 15, 51. 53 f. Vgl. auch die Totenpräfation S. 45).

Scheitern

Der christliche Glaube versteht den Tod als Vollendung des Lebens in zweifachem Sinn: Er ist Voll-ENDUNG, d. h. das nicht mehr zu überbietende Ende der irdischen Pilgerschaft; er ist ebenso VOLL-Endung, also Erfüllung und zur Vollkommenheit führender Zielpunkt dieses Lebens, das als solches durch die Gnade Gottes zum ewigen Leben verwandelt wird. Zumindest diesem zweiten Gedanken scheint aber die aus der christlichen Botschaft nicht auszugrenzende Lehre von einer ewigen Hölle, will sagen: von einem zwar nicht mehr behebbaren (Voll-ENDUNG), doch ganz und gar nicht VOLL-Endung bedeutenden Scheitern des Lebenssinnes, ins Gesicht zu schlagen. Hölle ist für unsere Vorstellung das absolute Negativum, nicht Fülle (es sei denn des Bösen), sondern Entleerung, Aushöhlung, Zusammenbrechen aller Positivität. Sie ist das Gegenteil von Gott, wenn dieser Vollkommenheit sein soll. Aber wäre sie denn dann nicht das Nichts, also etwas gar nicht Existierendes? Wenn es sie aber doch geben soll, wie kann man sie in irgendeine Beziehung zu Gott bringen, der die Liebe ist? Er kann Hölle nicht wollen, er kann ihre Existenz gar nicht dulden: Er würde durch sie als Gott entthront, wenn das von Gott her Nichtseinsollende doch im Sein wäre. Und erwiese sich nicht auch seine Liebe als ohnmächtig, also als nicht göttlich? Sie äußert sich zufolge der Heiligen Schrift als universales Heilswollen: „Gott, unser Retter", lesen wir 1 Tim 2,3 f., „will, dass alle Menschen gerettet werden und zur Erkenntnis der Wahrheit gelangen." Das kann nicht nur als „frommer Wunsch" Gottes verstanden werden, so wie Menschen Gutes wünschen, aber ohne echten Einfluss auf die Erfüllung zu haben („Ich wünsche dir alles Gute, vor allem Gesundheit"). Das Wollen Gottes ist wirkmächtig: Es geschieht, was er will. Wenn es aber eine Hölle gibt, dann doch wohl nicht? Wenn die Zeitgenossen Schwierigkeiten mit diesem Lehrstück haben, darf man sie also nicht gleich der Weichlichkeit oder der Weichzeichnung der Wirklichkeit bezichtigen. Hölle ist ein außerordentliches Problem; es hat schon manchen Christen am Christentum verzweifeln lassen. Wie können wir damit zurande kommen?

Sicher nicht dadurch, dass wir irgendwelche Abstriche am Bild Gottes zulassen, wie es uns Jesus Christus übermittelt hat. Er ist und bleibt der liebende Vater und wir bleiben seine geliebten Töchter und Söhne. Er will ohne Wenn und Aber unser Heil, also positive VOLL-Endung unseres Lebens und unseres Seins: Gott will, in der alten Bildersprache, unseren Himmel – und sonst nichts. Die erste Konsequenz daraus muss dann heißen: Von Gott her sind Himmel und Hölle keine gleich„wertigen" Alternativen, nicht zwei Lebens-Ausgänge, die von seiner Seite her gleich offen stünden. Es kamen in der Theologiegeschichte ab und zu dahingehende Vorstellungen auf, sogar in der Form, dass Gott selber die Menschen von vornherein einem der beiden „Portale" zugeordnet habe (Lehre von der doppelten Prädestination): Die katholische Kirche hat sie entschieden zurückgewiesen. Sie stützt sich auf die Aussage des Römerbriefs: „Wo die Sünde mächtig wurde, da ist die Gnade übergroß geworden" (Röm 5,2). Sie ist der Mehrwert gegenüber dem Bösen allemal.

Die zweite, nun viel problematischere Folgerung lautet: Gott will *unseren* Himmel, d. h. den des Menschen, mit anderen Worten eine VOLL-ENDUNG, die seinem ganzen Wesen, seiner ganzen Existenzbahn ein entsprechendes Ende schenkt. Nun ist das Wesen der menschlichen Person bestimmt durch seine Freiheit. Darin besteht ihre Ebenbildlichkeit zu Gott. Sie ermöglicht ihr Selbstbehauptung, und zwar sowohl im (positiv zu wertenden) Sinne ihrer Eigenständigkeit gegenüber anderen Personen wie auch im Sinne einer (negativen) Selbstverschließung gegenüber ihren sozialen, religiösen, ethischen Verpflichtungen. Kurz und knapp gesagt: Der freie (und nur der freie) Mensch kann auch sündigen. Weil damit automatisch die Selbstverschließung gegen Gott, also das Nichtwollen, die Nicht-Liebe oder der Hass gegenüber Gott verbunden sind, würde Gott die Freiheit des Menschen und somit letztlich seine Liebes-(selbst-)verpflichtung ihm gegenüber missachten, wollte er ihm die ewige Gemeinschaft mit sich aufzwingen. Gerade also weil er *unseren* Himmel will, muss er *unsere* Hölle akzeptieren. Das besitzanzeigende Fürwort hat allerdings in den beiden Satzteilen eine unterschiedliche Tragkraft: Unser *Himmel* ist *unser* Himmel als Geschenk Gottes; unsere *Hölle* ist *unsere* Hölle als unser eigenes antigöttliches Produkt. Nicht Gott, der Mensch allein will sie. Mit einem Wort: Die Hölle ist eine im Begriff der menschlichen Freiheit mitausgesagte Gegebenheit. Aus diesem Grund hat bereits die Alte Kirche es abgelehnt, an eine Endversöhnung oder *Apokatastasis* am Ende, also an eine bloß vorübergehende Hölle, zu glauben.

Ist sie dann auch schon Realität? Wenn damit gefragt wird, ob es sie wirklich geben könne, dann ist nach dem eben Erhobenen klipp und klar zu antworten: Ja, die Hölle ist eine *reale Möglichkeit*! Niemand kann ausschließen, dass es Menschen gibt, die Gott bewusst, grundsätzlich, endgültig (so weit das an ihnen liegt) gedanklich und in Taten ablehnen. Gotteshass, der nach Menschenmöglichkeit weiß, was er will und ist, kann gedacht werden; und wenn er real ist, dann auch die Hölle als Endschicksal dieses Menschen. Meint die Frage dagegen, ob *tatsächlich* jemand dergestalt in der Geschichte gehasst habe oder einmal hassen werde, so ist, wie schon weiter oben festgehalten werden konnte, ebenso eindeutig zu Protokoll zu geben: Das weiß kein Mensch! Wir können auch in der alten Bildsprache formulieren: Die christliche Lehre besagt, dass es die Hölle gibt, nicht aber, dass sie bevölkert ist. Denn keiner weiß um die Gnadenmöglichkeiten Gottes, keiner kennt die innersten Beweggründe eines Herzens (nicht einmal der, in dessen Brust es schlägt) außer Gott allein, keiner weiß um die Möglichkeiten zur Umkehr in der Sterbestunde. Wir kennen ja noch nicht einmal genau die Eckpunkte menschlicher Freiheit: Was an einer Tat oder einem Tatenkomplex ist radikaler Impuls der Freiheit und was Produkt von Triebhaftigkeit, Erziehung, genetischer Prägung, seelischer Disposition (Depression z.B.)? Die Botschaft von der Hölle ist also allerernstest, aber sie ist alles andere als hoffnungsleer.

Man mag noch fragen: Was ist Hölle, worin besteht sie? Die traditionellen Beschreibungen, wir haben im zweiten Kapitel die eine oder andere zitiert, sind nicht mehr als Projektionen einer manchmal sadistischen und neurotischen

Phantasie ohne Realwert. Sie haben freilich viel Ängste und manche Verklemmung auf ihr Konto zu verbuchen. Eine Antwort auf die Frage muss sich an der Grundgegebenheit aller eschatologischen Rede orientieren: Gott als die Liebe ist unser Heil. Von diesem Ausgangspunkt lautet dann ein Bescheid: Hölle ist Gottes Abwesenheit. Liebe will Gemeinschaft; Gemeinschaftsentzug ist dann die Strafe, wenn Liebe fehlt. Da aber Gott das höchste Glück ist, ist sein Anwesenheitsentzug höchste Strafe. Hölle ist dann im Tiefsten die Einsamkeit der Gott-Losigkeit. Andere Theologen, besonders der Schweizer *Hans Urs von Balthasar,* haben eingewendet: Wenn Gotteshass Voraussetzung für die Hölle ist, dann wäre die Absenz des Gehassten eine Wohltat für den Menschen, der Gott nicht haben will. Wir sind doch froh, wenn einer, den wir nicht leiden können, weit weg ist; wir wünschen ihn geradezu ins Land, wo der Pfeffer wächst, d. h. in unzugängliche, weit entfernte Gebiete. Müssen wir ihm gleichwohl ständig begegnen, mehrt das Abneigung, Leiden, Wut. So gesehen, wäre die Hölle Gottes ständige Gegenwart. Die Höllenstrafe bestünde darin, dass einer Gott gleichsam unaufhörlich ins Angesicht starren müsste, ohne je aus seiner Selbstverschließung herauszukommen im Vollzug der Liebe. Gott selber wäre im Eigentlichen für einen solchen Menschen die Hölle.

Seligkeit

Gott selber ist ganz sicher aber der Himmel, und zwar in der Weise, dass er sich selber dem Menschen ohne jeden Vorbehalt schenkt, der nicht in der menschlichen Begrenztheit selber gelegen wäre (er ist niemals wie Gott unendlich). Himmel ist Begegnung und Gemeinschaft mit ihm und in ihm und durch ihn mit aller anderen geschaffenen Wirklichkeit.

Darin liegt der Grund, dass man ihn nicht beschreiben, sondern allenfalls Bild um Bild addieren kann, um in Symbolen die Perspektiven auszuloten, die das Sein in und mit Gott eröffnet. So tut es auch die Bibel. Himmel ist Friede, Freude, Heimat, Licht, Tag, Harmonie, Schauen, Hochzeit, Mahl, Freundschaft. Er ist im wahren Sinn VOLL-Endung aller Wege, die zum ENDE führen.

Sofern der Tod aber Verwandlung ist, also Neues für ein sich Durchhaltendes erschließt, haben diese Begriffe einen realen Wahrheitsgehalt. Vollendet wird der Mensch, der zunächst hienieden lebt. Nach christlichem Verständnis lebt er immer schon als Geschöpf Gottes in dessen Gnade. Diese ist ihrem Kern nach bereits Selbstmitteilung Gottes, also Gemeinschaft mit ihm. Der begnadete Mensch begegnet daher jetzt schon Gott: *Jetzt schon* beginnt für ihn der Himmel. Und da Gnade immer auch eine Erfahrungskomponente hat, lässt sich Himmelsherrlichkeit auch schon auf dieser Erde erspüren: Wo einer Freundschaft, Liebe, Freude, Glück, Gemeinschaft, Friede, frohe Gelassenheit erfährt, da bekommt er gewissermaßen schon eine Vorauszahlung auf seine künftige Existenz. Vor allem ist das dort der Fall, wo sich der Mensch in Freiheit selber zum Guten hin verwirklicht. Güte geben ist die eigentliche Vorwegnahme des Guten, das Himmel ist.

Umgekehrt lässt sich dann sagen: Himmel ist nicht dergestalt Voll-ENDUNG, dass es nun keine Betätigung der Freiheit, keine Eigenständigkeit mehr gebe. Es gibt nicht wenige Vorstellungen, die davon ausgehen und dann den Himmel zum Ort einer „ewigen Ruhe" machen, die nicht von Langeweile zu unterscheiden ist. Doch Himmel ist VOLL-Endung so, dass das Ende sich eröffnet zur Endlosigkeit der neu und neu sich vollziehenden Freiheit der Liebe.

Eine wichtige Aussage der Gotteslehre, abgestützt durch die Lehre des 4. Laterankonzils von 1215; heißt: Gott ist unbegreiflich (*incomprehensibilis*). Das ist eine Bestimmung des

Wesens Gottes, nicht der Erkenntniskapazität des Menschen. Es liegt also nicht bloß an unseren schwachen intellektuellen Möglichkeiten, dass wir ihn nicht umfangen können, sondern in sich ist Gott immer größer als jedes denkbare nichtgöttliche Gefäß des Erfassens seiner Größe. Dann aber heißt Gottesbegegnung in Vollendung: Unsere Seligkeit besteht darin, dass wir ohne Ende „des Gottes voll" werden, dass wir Gotteserfahrung und Gottesbegegnung um Gotteserfahrung und Gottesbegegnung haben – immer neu, immer unsere Freiheit mehrend, immer glutvoller in der Liebe. „Die Endgültigkeit der Freiheit besteht aber darin, dass sie, wirklich auf der Spitze aller Möglichkeiten tanzend, ewig einstimmt in das Ja Gottes, das sie mit voller Deutlichkeit hört; die Notwendigkeit, ihre Vollendung kann sie nicht außerhalb von sich haben, sondern nur in der reinen Form ihrer selbst; das aber ist die Liebe. Sie ist zugleich der Ort der Sättigung und der Bewegung, ewige Ruhe und ewiges Leben" (Gottfried Bachl, Über den Tod und das Leben danach, Graz–Wien–Köln 1980, 169 f.).

Der Himmel ist das Geheimnis Gottes, das sich uns erschließt und dennoch selbst in der Erschließung Geheimnis bleibt – aber nun nicht mehr quälend und unbestimmt, sondern als Gewissheit, dass gerade die Verborgenheit der unversiegbare Quell der Freude, der Seligkeit, der Gemeinschaft, der Erfüllung ist. Denn das Geheimnis Gottes ist jene Fülle der Liebe, die sich uns als Dreieinheit offenbart hat. Von Ewigkeit zu Ewigkeit liebt der Vater den Sohn und der Sohn den Vater und das Wogen dieser Liebe ist der Heilige Geist – so hat es die christliche Meditation erkannt und in stammelnder Nüchternheit formuliert. In diese Liebe hineingenommen zu sein und so von Neuem zu Neuem in taumelnder Seligkeit getragen zu werden ohne Ende – das ist die Erfüllung des Werdens, das in der Evolution begonnen hat, deren Preis der Tod war. Aber er hat sich im Licht des Glaubens als Fährpreis erwiesen, der zur Freude führt (Text S. 118).

Friedrich Rückert, Zum jenseitigen Lande.

Quelle: Ausgewählte Werke, hg. v. A. Schimmel, Frankfurt/Main 1988, 174.

Zum jenseitigen Lande, wohin nicht Brücken noch Schiff
  geht,
Ach, o wie viel schon hab' ich voraus Herzfreunde
  gesendet,
Dass sie mir Kundschaft brächten von dort;
Mir Kundschaft sie haben
Keine gebracht.
Dann hab' ich von hoffnungsreichen Gedanken,
Törichten Wünschen und Träumen Gesandte gesandt um
  Gesandte:
Kundschaften brachten sie mir unsichere, sich
  widersprechend.
Will ich sichere Kunde davon nun endlich erlangen,
Muß ich mich selbst aufmachen; es drängt mich wirklich zu
  wissen,
Wie's dort steht; denn wie's hier steht, das weiß ich
  genüglich.

5. Der Liebe Tod: der liebe Tod
Lebensimpulse aus der christlichen Eschatologie

Leben: Mit dem Tode konfrontiert sein

In dem außerordentlich anschaulichen Wissenschaftszentrum HEUREKA in Vantaa bei Helsinki gibt es, wie andernorts auch, eine Uhr, die anzeigt, wie viele Menschen pro Sekunde geboren werden. Die Einerstellen auf dem Display bewegen sich so rasend rasch, dass man die einzelnen Ziffern nicht mehr mit dem trägen Auge unterscheiden kann. Jede Zahl ein neuer Mensch – die Erde scheint die Massen nicht mehr tragen zu können. Ein vergleichbarer Zeitmesser, auf dem die Sterbenden angezeigt werden, existiert nicht. Aber ähnlich wie bei der Lebensuhr müsste auch bei der Todesuhr die letzte Ziffer ganz schnell von der nächsten abgelöst werden – nicht ganz so behend (das ergibt dann den Geburtenüberschuss), aber genau so konsequent. Und nimmt man für die Ziffer den Menschen, den sie symbolisiert: Jeder ausnahmslos wird einmal wie auf der Lebensuhr so auf dem Todeschronometer unerbittlich registriert werden. Allgegenwärtig ist der Tod. Während Sie diese Seiten gelesen haben, haben Tausende das Zeitliche gesegnet: Mit einem Schlag dahin gerafft, von unerträglichen Schmerzen nach langem Leiden erlöst, todesängstlich, todesmatt, todtraurig – zu Tode sind sie gekommen, auf welche Weise auch immer. Zu Tode kommen wird auch jede Leserin und jeder Leser dieses Buches – wann auch immer. Lebensfroh mag jemand seines Daseins Schiff zu lenken meinen – im Boot sitzt immer schon der Tod; er hält das Ruder, er gibt die Lebensrichtung an. Die Federzeichnung Tomi Ungerers zeigt unverschönt des Todes „rigor", d. h. seine Eisesstarre, Härte, Unerbittlichkeit (Abb. S. 120).

Tomi Ungerer, Rigor Mortis. Lithographie.
© 1983 by Diogenes Verlag AG, Zürich.

Das macht Angst und erweckt im Regelfall Schrecken und
Furcht. Wir sterben, eine wie die andere, einer wie der andere. Und nichts wissen wir seit frühen Jahren so – ja: Tod-
sicher wie gerade dieses. Keiner Einsicht können wir so
wenig entgehen, allen Fluchtversuchen zum Trotz, wie eben
ihr. So gilt: Leben ist nur im Angesicht des Todes möglich,
so sehr und so unlöslich, dass der Tod selber, obschon
dessen Ende, zum Element gelingenden Lebens, humanen
Lebens unausweichlich gehört. Aus diesem Grund sind die
vorangehenden Seiten geschrieben worden, aus diesem
Grund haben Sie sich wohl auch mit ihnen befasst. Es geht
zuerst ums Leben, nicht um das Sterben, wenn wir uns mit
dem Lebensende befassen.

120

Zum Schluss steht es uns darum gut an, wenn wir über die medizinischen, philosophischen, kulturgeschichtlichen und theologischen Erkenntnisse zum Thema „Tod und jenseits des Todes" versuchen, uns einer kleinen Meditation zu stellen, sie vielleicht gar nachzuvollziehen, die unternimmt, auf der Basis des Christentums (und damit mit der einen oder anderen Wiederaufnahme bereits erörterter Gedanken) dieses Thema zu verinnerlichen, also zum selbstverständlichen Teil unserer Lebenskonzeption zu machen.

Tod und Liebe

Von Anfang an haben wir wahrgenommen, dass Liebe und Tod aufs engste zusammengehören. Wir erinnern uns des anrührenden Mythos der nigerianischen Nupe (S. 33), wonach der Tod mit der (sexuellen) Liebe in die Welt gekommen ist, der Identifizierung von Eros und Thanatos in der griechischen Antike, des künstlerischen Motivs „Tod und Mädchen" (vgl. Abb. S. 34). Leben zeugen in Liebe ist Selbstaufgabe ins Sterben – und wieder wissen wir dieses nur zu genau. Nur wenn die Zeugenden den Tod erleiden, ist dem neuen Leben Raum gegeben. Sie haben es nur zu Welt und Auskommen zu bringen, dann (schleunigst) abzutreten. Der Tod ist, so sahen wir, die biologische Folge der Evolution. Wo wir also zeugend lieben, zeugen wir den Tod. Tod ist darum stets der Liebe Tod. Kann man dies wissen und noch leben?

Die Amerikanerin *Gail Godwin* veröffentlichte 1994 den Roman „The Good Husband" (Deutsch: *Ein liebender Mann*, München 1997). Sie schildert die letzten Monate im Leben der an Gebärmutterkrebs erkrankten Magda Danvers, einer brillanten Wissenschaftlerin, die jetzt von ihrem viel jüngeren Mann gepflegt wird. Francis wollte einst Priester werden, hatte sich aber dann in Magda verliebt und sich ihr 25 Jahre lang mit der gleichen Hingabe geschenkt, mit der er sich ursprünglich Gott weihen wollte. Nun ist die letzte Bewährung dieser Ehe. Magda wird immer unleidlicher und eigenartiger. Aber ihr eigentlicher Wunsch ist es, für den Tod den Tod zu lernen. Dieses Motiv zieht langsam ihren Mann, die Krankenschwestern, auch ihre beste Freundin Alice in den Bann. Was zählt am Ende, was zählt im Leben schlussendlich überhaupt? In einem Gespräch mit der sterbenden Magda lässt Alice nicht locker: „,Was? Was ist es, das zählt?' Alice schämte sich für den verzweifelten Ton in ihrer Stimme. ‚Das Ordnen der Liebe.' ‚Das Ordnen?' ‚Ich meine, dass wir unsere Liebesverhältnisse in Ordnung bringen. … Das wird die entscheidende Frage bei der letzten Prüfung sein'" (3).

Tod und Liebe – das zu ordnen, ist der Inhalt des Lebens. Das ist auch der Inhalt der Religion. Wo der Liebe Tod bewältigt würde, wäre der Tod dann etwas Liebes – der liebe Tod?

Die eschatologische Frage

Publius Papinius *Statius*, ein lateinischer Dichter aus der Zeit Kaiser Domitians, schreibt in seinem Epos „Thebais" (3,661): *Primus in orbe deos fecit timor* (Es war zuerst die Furcht, die auf der Welt Götter geschaffen hat). Die Forschung hat nachgewiesen, dass sich jede der vielen Formen, in der sich die Angst zeigt, auf Lebensangst zurückzuführen ist, d. h. auf die Angst, dieses Leben zu verlieren, zu sterben also. Der Mensch war sich dabei von Anfang an der Unfähigkeit bewusst, diese Ur-Angst aus eigener Kraft zu bewältigen. Sie hat sich inzwischen hinausschieben, aber in keiner Weise beseitigen lassen. Wir sind auch nicht getrösteter. Ganz im Gegenteil: Je mehr wir vom Tod *technisch* wissen, um so weniger wissen wir, was er *wirklich* ist: Wir werden noch hilfloser als ehedem. Sollte sich nicht der haltlose Blick neuerlich auf todüberwindende Mächte richten, der Sterbliche den Unsterblichen, der Mensch die Götter suchen? Gibt es bleibende Liebe, kann sie zur Ordnung der Liebe führen? Nichts hat die drängende Dringlichkeit dieser uralten Menschenfrage heute gemindert, nur die Antwort ist noch problematischer als vorzeiten geworden.

Soweit wir sehen können, ist die Antwort von den Anfängen des Menschen an ein zwar sehr differenziertes, aber doch entschiedenes Ja gewesen. Der Beweis ist (wir haben darauf aufmerksam gemacht) die Bestattung der Toten. Wo immer sie nicht einfach beiseitegeräumt werden wie ein Tierkadaver, sondern mit Riten zu einer letzten Form des Seins geleitet werden, wo es Totenkult und Gedenken der Abgelebten gibt, da ist schon der Glaube an ein anderes, weiteres, höheres Leben, an ein Jenseits – der Glaube an Transzendenz – gegeben. Das kann sehr unbestimmt und vage sein, das Faktum ist vorhanden. Vielfältig sind die Formen der Artikulation, im Entscheidenden stimmen sie zusammen. So darf man zu sagen wagen: Ohne den Tod gäbe es Religion nicht. Und weil der Tod mit der Zeugung und die Zeugung mit der Geburt zusammenhängen, sind die Urquellen menschlichen Nachdenkens über die Transzendenz dieser drei Grunddaten des Lebens auch die Grundfragen der Religion – einer jeden, die wir kennen.

Alle fragen: Woher kommt der Tod? Wohin geht der Tote? Ist sein Schicksal endgültig und wie ist es, gut oder schlimm? Gibt es Vergeltung? Wie bereitet man sich auf seinen Tod und wie wird man mit der Trauer über den Tod der geliebten Menschen fertig? Was ist der Tod – mächtig, allmächtig, bezwingbar, bezwungen gar? Die Antworten sind verschieden im einzelnen; im Trost klingen sie zusammen: Der Tod ist der liebe Tod, wenn man sich Gott zuwendet – er kann es wenigstens sein, wenigstens irgendwie. Keine Religion kann natürlich an der Tatsache vorbeigehen, dass auch für den religiösen Menschen das Todeslos schlimmes Schicksal sein kann und oft gerade für ihn ist, aber sie ist sich gewiss, dass im Erscheinen des Todes die Erscheinung des Göttlichen erfolgt: Nichts ist vorläufiger als menschliches Leben, nichts absoluter als Gottes Existenz. So ergibt sich: Wo unser Leben sich bergen kann in Gott, ist es Teilhaber des Absoluten, Teilhaber unvergänglichen Lebens. Unsere Existenz ist daher eschatologisch be- und gegründet.

„Für mich ist Christus das Leben und Sterben Gewinn"

Paulus, Rabbi und hellenistisch gebildeter Intellektueller, schreibt diesen steilen Satz zu Beginn des Briefes an die Gemeinde im ostmakedonischen Philippi. Er schreibt ihn um das Jahr 55 im Gefängnis, vermutlich zu Ephesus (1,13). Ist er todessüchtig? Keineswegs. Er liebt die Philipper wie niemanden sonst von den Gemeinden; er hat „im Herrn die Zuversicht", sie bald wieder zu sehen (2,24). Was also dann?

„Für mich ist Christus das Leben und Sterben Gewinn. Wenn ich aber weiterleben soll, bedeutet das für mich fruchtbare Arbeit. Was soll ich wählen? Ich weiß es nicht. Es zieht mich nach beiden Seiten: Ich sehne mich danach aufzubrechen und bei Christus zu sein – um wieviel besser wäre das! Aber euretwegen ist es notwendiger, dass ich am Leben bleibe. Im Vertrauen darauf weiß ich, dass ich bleiben und bei euch allen ausharren werde, um euch im Glauben zu fördern und zu erfreuen, damit ihr euch in Christus Jesus um so mehr meiner rühmen könnt, wenn ich wieder zu euch komme" (1,21–26).

Paulus redet hier sozusagen griechisch, aber er denkt christlich. Im griechischen Raum ist die Sentenz verbreitet, dass Sterben gut ist, wenn man dadurch einem unerträglich gewordenen Leben entrinnen kann – dahinter zeichnet sich die platonische Philosophie ab, dass leibgebundenes Leben ohnedies der eigentliche Tod sei für die im Körper gefesselte Seele. Sterben ist so gesehen tatsächlich Gewinn. Der Apostel aber will nicht den Seelenfrieden Platons, sondern Christusgemeinschaft. Die hat er durch den Glauben und in der philippinischen Mission auch schon, aber sie ist der Steigerung durch das eigene Sterben fähig, sofern sie nicht mehr genommen werden kann, nicht mehr bedroht ist. Das ist kein Minus für das Leben, auch kein Plus für den Tod, sondern christozentrisches Denken, strenge Ausrichtung auf den Herrn und sein Denken und Wollen.

Darin aber begegnet uns das genuin Christliche, das unterscheidend Eigentliche und Eigentümliche der christlichen gegenüber jeder anderen Religion. Damit ist uns aber auch der Schlüssel zur christlichen Eschatologie in die Hand gelegt.

Warum sterben die Erlösten?

Todesverherrlichung ist dem christlichen Denken fremd. Es geht von der Tatsache aus, dass diese Welt gut geschaffen ist und ihre Güte nie ganz verlieren kann, ja dass die überbietende Erneuerung der Schöpfungsordnung durch die Erlösungstat Christi schon zugange ist. Gerade darum allerdings bleibt, mehr noch: gerade dadurch mehrt sich das Böse des Todes für uns. Jedes Sterben, vor allem der „Tod des Gerechten", schon Ijob (9,22) ein Rätsel, ist ein Einspruch gegen diese Lehre. Startproblem ist darum auch jetzt noch wie in allen anderen Religionen die Frage: Woher der Tod?

Paulus ist von Haus aus jüdischer Theologe. So kennt er die Lehre der Tora, dass der Tod etwas mit der Sünde zu tun hat: Entsprechend dem Denken Israels verhängte Gott nach des ersten Menschen Untat das Todesurteil über ihn und seine Nachkommen (Gen 2,17; 3, 19), über uns alle also. Im Römerbrief übernimmt der Apostel diese Anschauung in einer später missverstandenen und zur Erbsündenlehre führenden These: „Durch einen einzigen Menschen kam die Sünde in die Welt und durch die Sünde der Tod, und auf diese Weise ist der Tod zu allen Menschen gelangt, weil alle sündigten" (5,12). Wir können uns nicht mit der Feindeutung dieser schwierigen Passage aufhalten. Aber einige erhellende Bemerkungen sind unvermeidbar. Am anstößigsten ist für uns heute diese Kausalverkettung von Sünde und Tod. Wir haben noch in Erinnerung, was wir anfangs sagten: In einer Werde-Welt ist der Tod, durch die Evolution bedingt, unvermeidbar, Sünde hin, Sünde her. Dem Verfasser des Römerbriefes geht es freilich nicht um biologische, nicht einmal um ethische Ursachenforschung. Sünde und Tod erscheinen im Römberbrief nicht als abstrakt-technische Begriffe, sondern als Personifikationen, als Ver-*Körper*-ungen: „Sünde" ist wie eine Person, desgleichen „der Tod". Durch die Tat Adams wurde dieser Sünden-Macht der Eintritt in die Welt verschafft und durch die nun einmal offene Tür schlich sich die Todes-Macht hinein: Beide Mächte haben seitdem die Herrschaft über- und wahrgenommen, aus der es kein Entrinnen gab für nichts, niemanden und zu keinem Moment. Wer immer in der Welt ist, ist wie der Sünde so auch dem Tod ausgeliefert.

Die erschütternde Dramatik des Todesloses kann man kaum eindrucksvoller, kaum realistischer, kaum bedrängender zeichnen. Ihr kann sich keiner entziehen, auch Jesus von Nazaret nicht. Fernab jeder Glorifizierung berichten von ihm die Quellen denn auch, dass er Todesangst, Todesschauer, Todesbitterkeit durchlebt (Mk 14,33 par; Lk 22,42; Joh 11,33.38; 18,11). Dennoch ist gerade er des Paulus Lebens-Gewinn, weil zur Lebens-Macht geworden. Wie kann das verstanden werden?

Todesbemächtigung

Dass Sterben als Eröffnung der Christusgemeinschaft („Sein mit Christus", sagt Paulus oft) gesehen werden kann, verdankt sich Christus selber. Damit stehen wir nun unwiderruflich im Herzen des Christentums. Es steht und fällt mit dem Glauben an die Menschwerdung Gottes in Jesus von Nazaret. Dieser Glaube hat seinen Brennpunkt in dem Umstand, dass Gott damit auch unseren Tod akzeptiert hat als sein eigenes Geschick. Wenn dieser ein Stück des menschlichen Lebens ist, dann kann Menschwerdung Gottes ohne Tod des Menschgewordenen nicht gedacht werden. Wenn Tod und Liebe miteinander stehen und vergehen, dann kann uns der Gott-Mensch nicht lieben, so er nicht stirbt. Inkarnation ohne Desinkarnation, Menschwerdung ohne Todesaufgabe des Menschlichen wäre ein belangloser Mythos. So ist im Lebenlos Jesu sein Todeslos enthalten. Wenn er Gott ist, kann er sich nicht aussparen von den Tiefen des Todesreiches.

Aber sein Todeslos ist damit noch nicht konkretisiert. Er hätte gut und gern auch an Altersschwäche zugrundegehen oder in jungen Jahren im See Genesaret bei einem der häufigen Stürme ertrinken können; was wir sagten, gälte auch so ohne Abstrich. Gott ist aber, so glauben die Christen, nicht „einfach so" Mensch geworden; er wollte uns als Mensch erlösen von jener Sündenmacht und damit entsprechend der jüdischen Theologie, der wir bei Paulus begegnet sind, auch von der damit verknüpften Todesmacht. Damit aber stellte er sich als Glied der *Sünder*gemeinschaft „Menschheit" automatisch unter die Herrschaft von Sünde und Tod, auch wenn er sich der *Sünden*gemeinschaft entzog. „Gott hat ihn für uns zur Sünde gemacht", formuliert richtig der Apostel (2 Kor 5,21; vgl. Gal 3,13). Und so musste er ihn auch im Tod zum Genossen der Sünder machen: Speziell der Kreuzestod gilt im zeitgenössischen Judentum als Erweis der Absage Gottes an den Delinquenten. „Ein Gehenkter ist von Gott verflucht", lasen die Menschen des 1. Jahrhunderts im Alten Testament (Dtn 21 21,23), und sie deuteten das auf die Hinrichtung am Kreuz. Für die Zuschauer auf Golgota verendet der angebliche Prophet in der direkten Nachfolge des ersten Sünders, des Adam, und wird so als Pseudo-Prophet von dem Gott selber denunziert, zu dem er eine besondere Beziehung zu Lebzeiten reklamiert hatte.

Aber der Augenschein hat auch damals, wie so oft getrogen. Er stirbt den Sündertod, gewiss, aber weil er Gottes Sohn ist, ist sein Tod als augenscheinlicher Sünder in Wahrheit Tod für die Sünder, also für uns, für alle (2 Kor 5,14 f.). Jesu Tod ist damit die geradlinige Fortsetzung seines Lebens, für dessen innere Dynamik die Theologie den Begriff Pro-Existenz gefunden hat: Sein ganzes öffentliches Wirken, seine Sendung insgesamt und in allen ihren einzelnen

Momenten ist Dasein für die anderen – die Kleinen, die Schwachen, die Ausgebeuteten, die Zukurzgekommenen, die Randexistenzen. Es fügt sich gut ein, dass die Evangelien in diesem Rahmen auch von Totenerweckungen berichten – der Tote ist von allen Armen am ärmsten daran; wenn Jesus die Armen befreit, muss er auch vom Tode retten können.

Unter diesem Aspekt ist sein Tod nicht bloß von außen auferlegtes Geschick – er ist selbstredend auch dies: er wird zum Tod geführt und dem Tode überliefert von anderen –, sondern geradezu logische Auszeitung seines Lebens; und wenn dieses ganz und gar selbstverantwortete Tat der Liebe, aktiv-rezeptiver Gehorsam gegen den Willen dessen ist, den er seinen Vater nennt und der die Menschen liebt, dann ist auch sein Sterben in Verantwortung übernommenes Handeln in und aus Liebe. Sein Tod ist Tod der Liebe. Jesus ist der Liebe Tod, kann man als Quintessenz seiner Existenz formulieren.

Damit nun stirbt die Todesmacht selber: In den Strudel des Jesustodes wird sie hinabgerissen. Das ist Erlösung. Denn mit dem Tod ist der Sünde die allüberwältigende Macht entwunden. „Verschlungen ist der Tod vom Sieg. Tod, wo ist dein Sieg? Tod, wo ist dein Stachel? Der Stachel des Todes aber ist die Sünde, die Kraft der Sünde ist das Gesetz. Gott aber sei Dank, der uns den Sieg geschenkt hat durch Jesus Christus, unseren Herrn" (1 Kor 15,54–57; unter Zitationen aus dem Ersten Testament).

Diese Überzeugung basiert auf dem Glauben an die Auferstehung des Toten von Golgota. Jesus ist, so der Christenglaube, zwar in die letzten Tiefen des Todes eingetaucht: „Hinabgestiegen in das Reich des Todes", erklärt das Symbolum. Damit ist nicht abgehoben auf einen mythischen Besuch im Hades, auch nicht nur auf das Faktum des Gestorbenseins, sondern über dieses hinaus auf das Erleiden aller Bosheit, aller Verlorenheit, aller Einsamkeit und Passivität, die mit dem Menschentod nun einmal verbunden sind. Er hatte keinen Sondertod für sich reserviert, sondern die gemeinste aller Sterbensmöglichkeiten akzeptiert. Tödlicher als bei ihm kann der Tod nicht gedacht werden. Aber wider alles Erwarten war dies nicht der Schlusspunkt, sondern die göttliche Wende nicht nur seines, sondern des Dramas aller Menschen. In der typologischen Redeweise des Paulus ist der von Gott Auferweckte jetzt auch der „Erste der Entschlafenen", nicht im Reich des Todes, sondern in der Welt des Lebens. „Da nämlich durch einen Menschen der Tod gekommen ist, kommt durch einen Menschen auch die Auferstehung der Toten. Denn wie in Adam alle sterben, so werden in Christus alle lebendig gemacht" (1 Kor 15,20–22). In diesem Geschehen wird der Liebe Tod, Jesu Hinscheiden, zum Tod der grausigen Hochzeit zwischen Liebe und Tod, wie sie im Motiv „Tod und Mädchen" thematisiert ist (Abb. S. 34). Wenn Mann und Frau in der neuen, der österlichen Ordnung, zeugend Leben erwecken, dann ist ihr Liebesakt nicht mehr im Kern eine tödliche und todbringende Umarmung, sondern schöpferisches Wecken unvergänglichen Lebens. Was aus diesem Akt entsteht, der neue, junge Mensch, ist zwar nach wie vor mitten im Leben vom Tod umfangen – nichts können wir von dem zurücknehmen, was wir anfangs erkennen mussten. Doch seit dem Geschehen des Karfreitags und des Ostersonntags gilt für den Christen und die Christin nun nicht gleicherweise, sondern alles andere überhöhend: Mitten im Tod umfängt uns Leben. Deswegen ist dieses zwar nach wie vor – Gesetz der Evolution – dem biologischen Ende ausgeliefert, aber dieses Ende bekommt eine ganz andere Qualität: Es tendiert auf bleibendes Leben. „Wir glauben die Auferstehung der Toten und das ewige Leben", so schließt das Apostolische Glaubensbekenntnis.

Ist dann unter Umständen, so müssen wir abschließend fragen, seit der Liebe Tod der Tod für unsereinen ein lieber Tod geworden?

Als erstes ist ein entschiedenes Nein zu proklamieren. Auch für den überzeugtesten Christen ist der Tod kein lieber Tod – der eigene nicht, erst recht nicht der der ihm teuren Menschen. Gewiss, wer viel mit Sterbenden umzugehen hat, erfährt gar nicht so selten, dass der Tod als willkommen empfunden wird. Das ist nicht bloß dann der Fall, wenn das Leben nur mehr Leiden ist und daher als lebensunwert vom Patienten selbst erfahren ist – wir lesen dann in der Todesanzeige, dass ihn der Tod endlich „erlöst hat". Es geschieht auch, dass ein Mensch so vom Leben erfüllt ist, dass er angesichts der Unvermeidlichkeit der Lebensbegrenzung einen Mehrwert gar nicht mehr erwarten zu können überzeugt ist. Wir wissen: Im Ersten Testament kommt an mehreren Stellen in diesem Horizont das Wort „lebenssatt" vor; Gen 25,8 lesen wir (in der Verdeutschung Martin Bubers): „Abraham starb in gutem Greisentum, alt und satt." Ähnlich wird der Tod Isaaks (Gen 35,29: „alt, an Tagen satt"), Davids (1 Chr 23,1), Jojadas (2 Chr 24,15) und Ijobs (Ijob 42,17) apostrophiert. Der Tod mag da als ein lieber Tod bezeichnet werden.

Aber solche Erfahrung ist verschwindende Ausnahme. Ihr steht milliardenfach erlebt und bezeugt die Erkenntnis entgegen: Tod ist grausam. Wir fürchten darum durchaus zu Recht den Tod. Wir haben Todesangst, weil wir um unser Leben bangen – meist verdrängt, aber per Saldo unverdrängbar. Unverdrängbar ist genau deswegen auch die Theodizeeproblematik. Wir könnten den lieben Gott noch allenfalls mit dem zeitweiligen Leid, dem vorübergehenden Bösen, dem läuternden Unheil zusammenbringen. Aber aller guter Wille droht zu versagen, wenn wir vom Todesleiden missbrauchter Kinder, von der Schändung der Völker in unseren Tagen, von der langen Liste der Todesstätten des 20. Jahrhunderts hören; das 21. wird sie gewiss fortsetzen. Nein, der Tod ist nicht lieb und lieben kann man ihn um seiner selber willen kaum (allenfalls als Fluchtweg aus lebensunwertem

Leben) – und deswegen tun wir uns Gott zu lieben immer schwerer. Weil die Medien die Erdenschrecken auch schon ins Kinderzimmer bringen, erleben immer mehr Eltern, gerade auch die frommen, dass ihre Töchter und Söhne bereits mit zwölf oder dreizehn Jahren an Gott scheitern, deswegen. Der Tod ist die absolute Verschärfung der Gottesfrage offenbar ein Leben lang und lebenslang sich mehr und mehr verschärfend. Wo Gott auch sonst immer weniger Element der Lebenswelt ist, spitzt sich diese Tatsache aufs schärfste zu. Das ist beim Christen nicht anders. Aber er akzeptiert es, wenn er wirklich seinen Glauben kennt und aus ihm sein Leben zu gestalten trachtet. So bestimmt im Neuen Testament von der Überwindung der Todesmacht gesprochen wird, verharmlost wird sie nirgends. Ganz im Gegenteil: Christus, haben wir von Paulus vernommen, ist der „Erste der Entschlafenen". Er führt nicht die Reihe der Todentrückten, sondern der Todverfallenen an. Als Mensch für die anderen Menschen gehört er ins Reich des Todes und konsequent geht er dorthin, wo die Menschen sind – ebenda. Dem Reich des Todes kann man somit nicht durch die Christusgemeinschaft entkommen wollen; darin verfehlte man sie vielmehr gründlich. Sie kann nur im Sterben erreicht werden und sich vollziehen. Noch einmal hören wir Paulus: „Einer ist für alle gestorben, also sind alle gestorben" (2 Kor 5,14). Mithin: Wenn kein Hineinsterben in den Tod, dann keine Christusgemeinschaft – und Tod Christi ist unumgehbar Tod der absoluten Entmächtigung, des höchsten Leidens und Leides. „Ihr seid Tote", muss er dann christliche Existenz umschreiben (Kol 3,3). Doch das ist nur der erste Akt des Lebensdramas, so sehr er uns als Lebenden ausgerechnet sich als der letzte zeigt. Denn „wenn Christus, unser Leben, offenbar wird, dann werdet auch ihr mit ihm offenbar werden in Herrlichkeit", heißt es im Kolosserbrief anschließend an den angeführten Text. Die Begründung liefert die Fortsetzung der Stelle aus dem 2. Brief an die Korinther: „Er ist aber für alle gestorben, damit die Lebenden nicht mehr für sich leben, sondern für den, der für sie starb und auferweckt wurde ... Wenn also jemand in Christus ist, dann ist er eine neue Schöpfung: Das Alte ist vergangen, Neues ist geworden" (5,15.17).

Wenn aber Christus die Personifikation der Liebe Gottes als der Mensch für die anderen Menschen ist und wenn sein Tod im wortwörtlichen Sinn der Liebe Tod ist, dann offenbart sich unter dieser Perspektive der Menschentod, unser Tod als Durchgang zum unzerstörbaren Leben, das Gott selber ist. Der Liebe Tod schafft nicht den lieben Tod, sondern das liebe Leben. Tod zeigt sich uns nochmals als Verwandlung (vgl. die Totenpräfation S. 45).

So und nur aus diesem Blickwinkel ist das Leben einschließlich seines Endes Anlass zur Feier. In Kapitel 14 der Offenbarung des Johannes wird im ersten Teil (1–5) vom neuen und ewigen Lied der durch das Blut des Lammes Freigekauften berichtet. Daran schließt sich eine Gerichtsankündigung (6–13), an deren Ende der dritte Engel erklärt: „Selig die Toten, die im Herrn sterben, von jetzt an; ja, spricht der Geist, sie sollen ausruhen von ihren Mühen, denn ihre Werke begleiten sie." Selig kann der Tod nur heißen, wenn die Toten selig sind!

Vielleicht verstehen wir das Pauluswort, mit dem wir den Einstieg in das eschatologische Denken des Christenglaubens fanden, nun erst richtig. Wenn das Sterben das endgültige Sein mit Christus und damit mit dem Leben Gottes bringt, wenn es Verwandlung zum Eigentlichen ist, dann ist es gegenüber allem Vor-Lauf hin zum Tode Gewinn. Aber weil es das Neue aus dem Alten und im bleibenden Alten (*Wandlung*) ist, kann man auch jetzt und hier das Leben so nehmen, wie es kommt und ist, und in ihm und durch es seine eigentliche Gestalt gewinnen, die sich hienieden schon mit währender Dauer profiliert: Die Werke begleiten uns. Das Leben vermag man dann zu genießen wie ein gutes Mahl – und kann von ihm lebenssatt scheiden wie vom Festtagstisch. Man vermag es auch zu ertragen, wenn es Mühsal ist und Not. Es zeigt dann die Christusförmigkeit in ausgezeichnetem Maße und ist so nie vergebens, leer, unausgefüllt, verhindert – schmerz- und leidvoll gleichwohl, nein: eben darum.

In Theologensprache können wir auch formulieren: Der Tod wird in der christlichen Eschatologie zu einem Sakrament. Verstehen wir unter einem Sakrament die Erscheinung der göttlichen Wirklichkeit in Elementen der erfahrbaren Welt, dann leuchtet im Zugehen auf den Tod und im Tode selber als dem Endpunkt der individuellen Geschichte bereits das Heil verwandelnder Gottesliebe in unserem Horizont auf. Weil es in der Nachfolge Jesu geschenkt wird, ist es mit innerer Konsequenz gekreuzigtes Heil, will sagen: es vollzieht sich konsequent als äußerste Entmächtigung, wie sie eben vollkommen im Sterben und unvollkommen in allen seinen Vor-Formen wie Leiden, Krankheit, Schmerz, Einsamkeit usw. angenommen werden muss. Die Deutung der Taufe, des ersten und christliche Existenz begründenden Sakraments, hat bekanntlich diesen Aspekt ausdrücklich gemacht (vgl. Röm 6,2–11).

Im Blick auf die anderen Religionen darf am Ende noch eine Erwägung vorgelegt werden. Das Christentum verzahnt – und ernstlich kann man anders wohl kaum erwarten – seine Eschatologie mit seiner Christologie. Damit werden die nicht-christlichen Eschatologien nicht entwertet, sondern für die Christen nachhaltig konkretisiert. Denn das Christusereignis steht nicht isoliert wie ein Meteorit in der religiösen Landschaft, sondern knüpft an die große Tradition der Menschheit, insbesonders an die israelitische Theologie an. Da wird nachdrücklich festgehalten, dass Gott die Welt aus Liebe ins Sein gerufen hat. Der Grund der Schöpfung ist der Bund, der Grund des Bundes Gottes Liebe. „Die Seele trägt den Körper, und Gott trägt seine Welt ..., so komme die Seele, die den Körper trägt, und preise Gott, der seine Welt trägt" (Talmud: Wajikra Rabba IV,4). Da ist der Mensch in Gott geborgen, mehr noch als bei Vater und Mutter, deren Liebe er sein Leben verdankt (Ps 103,13; Jes 49,15; 66,13). Gottes Liebe wird sogar zum Tod der Sünde des Geschöpfes. „Nicht nach unseren Sünden tut er uns, und nicht nach unserer Schuld vergilt an uns" (Talmud: Sifre zu

Deut 14,1; 32,5). Die Rabbinen lehrten, dass Gott selber die Menschensünden verstecke, damit sie am Gerichtstag nicht der ganzen Welt bekannt würden (Talmud: b Arachin 8 b). Die christliche Theologie kann das alles unterschreiben. Sie fügt lediglich hinzu, dass diese Liebe Gottes sichtbar, greifbar in Jesus von Nazaret in der Geschichte begegnet ist. Eschatologisch muss man sagen: Ist der Daseinsgrund des Menschen Gottes Liebe, dann vermag ein Verenden des geliebten Menschen nimmermehr zu geben. Das wäre der Liebe Tod im allerletzten und allerschrecklichsten Sinne; es wäre der Tod der Liebe Gottes. Denn es bleibt gültig: Jedwede Liebe will Ewigkeit; zur Liebe gehört der Faktor Dauer, ausgeschrieben im Begriff der Treue. Menschliche Liebe scheitert letzten Endes dann und darum, wenn und weil sie nicht währen kann, wenn nicht bereits wegen zeitlicher Untreue, so spätestens wegen der Nichtung durch den Tod. Göttliche Liebe hat keine Grenzen; sie will nicht nur Dauer, sie vermag sie zu gewähren. Das ist der innerste und tiefste und unaufhebliche Grund des Glaubens an den Tod als Voll-End-ung, nicht als Ver-Nichtung: Gottes Liebe.

In einer groß angelegten Schülerumfrage in Regensburg von 1997 sollten die Jungen und Mädchen der Mittelstufe sagen, was (ihnen) „heilig" ist. Einige davon kamen auch auf den Tod zu sprechen. Ein Junge von 11 Jahren gab zu Protokoll: „Ich glaube zwar an ein Leben nach dem Tod, aber wenn ich vor meinen Freunden sterbe, muss ich vielleicht lange auf sie warten." Er verlangte übrigens auch nach einem „ehrenhaften Tod" im Blick auf seine „Nachfahren". Hier wird in der Sprache eines Kindes die schmerzlich-süße Verknüpfung von Tod und Liebe und dem Leid sichtbar, das der Liebe Tod bedeutet. Hoffnung ist dennoch signalisiert. Diese wird ganz deutlich in einer anderen Niederschrift, deren Autorin ein vierzehnjähriges Mädchen ist: Heilig sind ihr Liebe und Leben; und sie begründet: „Liebe und Leben ist für mich Spaß und Fröhlichkeit, aber auch Schmerz und Trauer. Ich möchte einfach nur leben und geliebt werden". Der Impuls der christlichen wie jedweder theistischen Eschatologie besteht in dem Wort: Wir glauben mit aller Sicherheit, dass uns nicht weniger als dies verheißen und gesichert ist durch Gott.

So mag man es vielleicht doch sagen – mit Behutsamkeit, mit dem Wissen um die Angreifbarkeit, mit Schaudern vielleicht sogar, aber dennoch: Weil der Tod durch der Liebe Tod verwandelt worden ist, ist er nicht lieber Tod, nein das doch nicht, aber der Liebe letztes Zeichen, das wir wahrnehmen können. Am Ende, auch an jenem, das der Tod ist, steht fröhliche Hoffnung – Tanzen, ja Tanzen.

Silja Walter, Tanzlied am Ende. Zu Sprüche 8,22–31.

Quelle: Silja Walter, Die Fähre legt sich hin am Strand. Ein Lesebuch, hg. v. K. Obermüller, © 1950, 1999 by Arche Verlag AG, Zürich–Hamburg.

Tanze mein Liebling
schön
bist du
wirf mir das All
deinen Ball
jetzt zu
tanz durch die leeren
Gewölbe
Tanzen und Sein ist dasselbe

Tanze mein Liebling
die zeit
ist aus
tanz durch ihr leeres
verschwundenes Haus
du und dein Ball sind
geblieben
Tanzen heißt leben und lieben

Tanze mein Liebling
mein Herz
wirf mir nun Welten
und Menschheit
hinein
wirf sie auch wenn sie
vergehen
Tanzen heißt
auferstehen

Stichwort
Tod und Jenseits des Todes

Tod (griech. *thanatos,* lat. *mors*) leitet sich von einem gemeingermanischen Wort für „bewusstlos werden, dahinschwinden" (vgl. Dunst) ab und bezeichnet das unumkehrbare Erlöschen der Lebensäußerungen eines Organismus, als natürliches Ereignis biologisch letztlich verursacht durch das Aufhören der Zellteilungsprozesse (Altern), als unnatürlicher Zwischenfall bedingt durch Krankheit oder Unfall. *Medizinisch* wird unterschieden der klinische Tod als Eintritt von Herz- und Atmungsstillstand vom biologischen Tod als endgültiger Ausfall aller Gehirnfunktionen (*Hirntod*). Bereits im zweiten Fall ist vom Tod des Menschen zu sprechen: Daher können nach heutiger Ansicht Organe eines Hirntoten transplantiert werden. *Juristisch* endet mit dem Tod die Rechtsfähigkeit eines Menschen: Das Vermögen geht, von gewissen Ausnahmen abgesehen, auf die Erben über. *Philosophisch* gesehen steht der Tod im Hintergrund jedes Lebens, sofern er als dessen Ende dessen unaufgebbarer und unverdrängbarer Bestandteil ist. Der Mensch weiß als einziges bekanntes Lebewesen um diese Tatsache und ist daher aufgerufen, sich mit ihr auseinanderzusetzen, um seinem Leben Tiefe, Richtung und Sinnhaftigkeit zu geben. *Religiös* ist der Tod ein Grundmotiv der menschheitlichen Zuwendung zur Transzendenz. Schon in der Altsteinzeit begegnen wir Spuren von Bestattungsriten, die nahelegen, dass man damals schon wie später in fast allen religiös begründeten Weltanschauungssystsemen an ein Weiterleben nach dem Tode glaubte. In der *christlichen Theologie* wird der Tod im Zusammenhang mit der Sünde des Menschen gesehen, die durch die Auferstehung Jesu Christi überwunden wurde: Seitdem hat auch der Tod seine All-Macht und Unüberwindlichkeit verloren. In der gläubigen Übernahme des Lebens- und Todesschicksals Jesu Christi erschließt sich dem Christen die Möglichkeit der Bewältigung des Todes, sei es im Blick auf sich selbst wie auf seine Mit-Menschen.

Die Christen bekennen sich auf der Basis des Osterglaubens zu einem **Jenseits des Todes**, das **die Auferstehung der Toten**, deren **Gericht** entsprechend ihrer freien Verwirklichung des Ethos zu Lebzeiten, gegebenenfalls die Läuterung **(Purgatorium)** in der Liebe sowie die Möglichkeit definitiver Rückweisung Gottes (**Hölle**) und die Verheißung vollendeter Gottesgemeinschaft für immer (**Himmel**) umfasst. Während die römisch-katholische Eschatologie ein Weiterleben des Subjektes Mensch in irgendeiner Weise betont, neigen viele evangelisch-lutherische Theologen dazu, einen *Ganztod* des Menschen anzunehmen, der erst am Jüngsten Tag wieder von Gott neugeschaffen werde, in dessen Treue allein er bis dahin geborgen sei. Die evangelische Theologie und die Orthodoxie des Ostens lehnen die katholische Lehre vom Purgatorium (aus unterschiedlichen Gründen) ab. Aus der Eschatologie gewinnt die christliche Botschaft die Dimension der Hoffnung, aus der der einzelne angesichts des unausweichlichen Todes Gelassenheit, ja sogar Freude schöpfen kann.

Kleines Wörterbuch

Ablass

Die Lehre vom A. ist im Zusammenhang mit der Theorie des Bußsakramentes entwickelt worden aus der Einsicht, dass mit dem Nachlass einer Schuld durch das Sakrament noch nicht deren leidschaffende Straffolgen beseitigt werden. A. ist der Erlass dieser Folgen durch die Hilfe der Kirche aufgrund des Guten, das es in ihrer Gemeinschaft gibt durch Christus und seine Heiligen. Als der A. vom Bußsakrament getrennt wird (13. Jh.), gilt er auch den Verstorbenen zuwendbar auf dem Weg der Fürbitte. Im Spätmittelalter wird die (nunmehr dem Papst vorbehaltene) A.-Gewährung zu einer sprudelnden Geldquelle. Das ruft den Protest der Reformatoren hervor.

Apokalyptik

Diese Weltsicht zielt auf die Aufdeckung (apokalypsis = Offenbarung) der als nahe empfundenen Geschehnisse zwischen Weltende und Anfang des Jenseits. Sie gibt vor, aus der Kenntnis der Zukunft die Gegenwart deuten zu können, um so in den Leiden der Zeit den Bedrängten Trost zu spenden. Über das Judentum (alttestamentl. Danielbuch) und Frühchristentum (Offenbarung d. Johannes im Neuen Testament) reicht der Einfluss der A. ins Mittelalter (Hildegard v. Bingen, Dante) und in die Neuzeit hinein (Solowjow). Viele im Zusammenhang mit dem Millennium 2000/2001 sich äußernde Weltuntergangsvisionen sind ebenfalls Ausflüsse apokalyptischen Denkens.

Ars moriendi

Die „Kunst des Sterbens" erscheint erstrebenswert aus der Erfahrung, dass wir „mitten in dem Leben vom Tod umgeben" sind, also die Vorbereitung auf diesen wichtigsten Akt der menschlichen Existenz dringend und ständig notwendig ist. Im technischen Sinn versteht man darunter Anweisungen, Regeln, Verhaltensformen für die letzte Lebensphase, vor allem für die eigentliche Sterbestunde.

Eschatologie

Sie ist der Teil der dogmatischen Theologie, der sich mit den Glaubensaussagen über das Endschicksal (griech. eschata =

die letzten Dinge) von Mensch und Welt befasst. Lehramtlich bestimmt wurden für die römisch-katholische Kirche besonders die folgenden Inhalte: Der ganze Mensch wird auferstehen; ihm wird von Gott nach seinen Werken vergolten; es gibt eine Läuterung nach dem Tod; die Totenfürbitte ist legitim; nach dem Tod wird das endgültige Schicksal festgelegt. Heute kann Eschatologie nicht absehen von den Einsichten der anderen Wissenschaften, besonders der Naturwissenschaften, der Anthropologie, der Futurologie, der Soziologie. Im Gegensatz zur ↗ Apokalyptik interpretiert die E. die Aussagen der Quellen nicht von der Zukunft auf die Gegenwart, sondern von der Gegenwart auf die Zukunft hin. Sie ist also weder Prophetie noch Vision, sondern Erschließung der vorliegenden Daten auf das Jenseits hin.

Fait accompli
Vollendete Tatsache

Fegefeuer
↗ Purgatorium

Gericht
Im Sprachgebrauch der ↗ Eschatologie ist G. das abschließende Urteil Gottes über Heil bzw. Unheil des Einzelmenschen wie der geseamten Menschheit. Man unterscheidet das individuelle oder persönliche G. über das Individuum vom allgemeinen oder Welt-G. über die gesamte Geschichte. Während man früher beide G.e als zeitunterschiedene Akte ansah (das individuelle G. beim Tod eines Menschen, das Welt-G. am Jüngsten Tag), versteht die heutige Theologie sie meist als zwei Perspektiven eines einzigen Gotteshandelns, das sich je im Tod des Menschen vollzieht, indem sich der Mensch im Angesicht Gottes selber in seiner unverstellten Wirklichkeit und damit auch in seinen Beziehungen innerhalb der Geschichte der Menschheit erkennt und einordnet.

Gregorianische Messen
Der Ausdruck geht auf Papst Gregor d. Gr. († 604) zurück, der berichtet, durch 30 an aufeinanderfolgenden Tagen gelesene Messen die Seele des Mönches Iustus aus dem Läuterungsort befreit zu haben. Daraus leitete sich der Brauch ab, in Fürbitte für bestimmte Verstorbene ebenso zu verfahren bzw. über Meßstipendien (Entgelt für die Feier einer Messe) verfahren zu lassen (↗ Seelgerät).

Himmel

Endgültige und unwiderrufliche Existenzweise eines verstorbenen Menschen in der Gemeinschaft Gottes und seiner Heiligen aufgrund der Gnade und Liebe Gottes.

Hölle

Endgültige und unwiderrufliche Existenzweise von Menschen, die im Zustand des Gotteshasses gelebt haben und gestorben sind. Sie ergibt sich als reale Möglichkeit aus der menschlichen Freiheit, die sich auch gegen Gott aussprechen kann.

Limbus

oder **Vorhölle** ist ein Ausdruck der mittelalterlichen Theologie für den Zustand jener Toten, die schuldlos die Taufe nicht empfangen hatten; insbesondere denkt man dabei an die Gerechten vor Christi Auferstehung (L. patrum) und an die ungetauften Kinder (L. puerorum). Sie können nicht in den ↗ Himmel kommen, verdienen aber auch nicht das ↗ Purgatorium und erst recht nicht die ↗ Hölle. Man stellt sich eine Art natürlicher Glückseligkeit für diese Menschengruppe vor.

Phantasmagorie

Wahngebilde, Trugbild.

Purgatorium

oder **Fegfeuer** ist der jenseits des Todes erfolgende Läuterungsvorgang der Menschen, die nicht in der vollen und ungeteilten Gottesliebe gelebt haben und verstorben sind. Er kann gedacht werden als Selbsterkenntnis angesichts der unverstellten Ansichtigwerdung Gottes.

Seelgerät

ist die Bezeichnung für die fromme Vorsorge eines Menschen unter dem Blickwinkel seines ewigen Schicksals. Es erschien ratsam, sich einen Vorrat (Gerät von mittelhochdt. geraete = Ausrüstung, Vorrat) für den Himmel anzulegen. Das konnte geschehen durch soziale Leistungen, Stiftungen für Kirchenbauten oder kirchliche Einrichtungsgegenstände; alles dies war auch möglich in der Form von Vermächtnissen (z. B. zum Lesen einer ↗ Gregorianischen Messe).

Weiterführende Werke

Johann S. Ach – Michael Quante (Hg), Hirntod und Organverpflanzung. Ethische, medizinische, psychologische und rechtliche Aspekte der Transplantationsmedizin: Medizin und Philosophie 3, Verlag Frommann-Holzboog, Stuttgart-Bad Cannstatt 1997.
Die wesentlichen Aspekte der Titelproblematik werden von kompetenten Fachleuten aller einschlägigen Wissenschaften übersichtlich dargelegt.

Gottfried Bachl, Über den Tod und das Leben danach. Verlag Stryria, Graz-Wien-Köln 1980.
Im Ausgang von den Schwierigkeiten des modernen Menschen mit einer Jenseitslehre unternimmt es der österreichische Dogmatiker, in durchsichtiger Sprache und unter Heranziehung der modernen Literatur die Grundinhalte der Eschatologie zu erläutern.

Constantin von Barloewen (Hg.), Der Tod in den Weltkulturen und Weltreligionen. Eugen Diederichs Verlag, München 1996.
Vom alten Ägypten bis zur Sowjetunion des 20. Jahrhunderts untersuchen 19 Autoren die Rolle, die der Tod in den verschiedenen Kulturen einnimmt. Geschichtliche Faktoren, religiöse Einflüsse, mythologische und philosophische Gedanken, aber auch Kunst, Literatur und Architektur werden herangezogen.

Wolfgang Beinert (Hg.), Einübung ins Leben – der Tod. Der Tod als Thema der Pastoral. Verlag Friedrich Pustet, Regensburg 1986.
Theologen verschiedener Disziplinen und ein Arzt versuchen Sach- und Sprachhilfen für den Umgang mit Sterbenden und Tod anzubieten aus der Hl. Schrift, der christlichen Anthropologie, der Geschichte. Fragen wie Sterbehilfe und Sterbebegleitung erörtern eigene Beiträge.

Klaus Berger, Ist mit dem Tod alles aus? Quell-Verlag, Stuttgart 1997.
Der in Heidelberg lehrende evangelische Neutestamentler unternimmt es, die Aussagen der Bibel über das Thema für den heutigen Menschen zu erschließen.

Bild der Wissenschaft, Leben – Tod – Unsterblichkeit. Deutsche Verlags-Anstalt, Stuttgart, Heft 11/November 1997.
Das Themenheft der populärwissenschaftlichen Zeitschrift befaßt sich mit aktuellen medizinischen und biologischen Forschungen über Sterben und Tod.

Gion Condrau, Der Mensch und sein Tod. Certa moriendi condicio. Benziger Verlag, Zürich-Einsiedeln 1984.
Das schon etwas ältere Buch ist ein Standardwerk. Der Schweizer Psychiater hat es unternommen, den Tod in allen seinen Bezügen und Wirkungsweisen zu beleuchten. Er lässt sich unterstützen durch reiches Bildmaterial.

Medard Kehl, Eschatologie. Echter Verlag, Würzburg 1986.
Eine sachkundige, theologische Kenntnisse aber vorausetzende umfassende Hinführung zur römisch-katholischen Sicht der Problematik.

Hans-Joachim Simm (Hg.), Orte der Seele. Gedanken über das Jenseits. Insel Verlag (insel taschenbuch 2238), Frankfurt a. M. – Leipzig 1998.
Eine Anthologie von literarischen, religionsgeschichtlichen und teheologischen Texten aus vielen Kulturen und allen Zeiten, die dem Nach-Denken der Sterblichkeit und des Todesloses meditative Hilfe schenken kann.

Register

145

Der Autor

Wolfgang Beinert, Jahrgang 1933, war bis zur Pensionierung 1998 Ordinarius für Systematische Theologie (Dogmatik und Dogmengeschichte) an der Katholisch-Theologischen Fakultät der Universität Regensburg. Er veröffentlichte etwa 1200 Titel zu allen Teilgebieten der Dogmatik. Unter anderem ist er Herausgeber des „Lexikons der katholischen Dogmatik", des „Handbuchs der Marienkunde" (mit H. Petri), der dogmatischen Sektion der Reihe „texte zur theologie", und Mitherausgeber der ökumenischen Zeitschrift „Catholica". Mehreren nationalen und internationalen wissenschaftlichen Gremien gehört er an.

Beinert ist auch der Initiator und Herausgeber der Reihe TOPOS plus positionen.